WINFRIED BAUMGART

VOM EUROPÄISCHEN KONZERT
ZUM VÖLKERBUND

ERTRÄGE DER FORSCHUNG

Band 25

WINFRIED BAUMGART

VOM EUROPÄISCHEN KONZERT ZUM VÖLKERBUND

FRIEDENSSCHLÜSSE UND FRIEDENSSICHERUNG VON WIEN BIS VERSAILLES

1974

WISSENSCHAFTLICHE BUCHGESELLSCHAFT

DARMSTADT

Bestellnummer: 6399

Satz: L. C. Wittich, Darmstadt
Druck und Einband: Wissenschaftliche Buchgesellschaft, Darmstadt
Printed in Germany
Schrift: Linotype Garamond, 9/11

ISBN 3-534-06399-6

Fritz T. Epstein
zum
75. Geburtstag

INHALT

VORWORT

Die folgenden Ausführungen sollen einen Überblick über die Erforschung der drei wichtigsten Friedensschlüsse nach dem Wiener Kongreß bieten: über den Pariser Frieden von 1856, den Berliner Kongreß von 1878 und die Pariser Friedenskonferenzen von 1919/20 mit den verschiedenen sogenannten Pariser Vorortsverträgen (Versailles, St.-Germain, Neuilly, Trianon, Sèvres). Der Wiener Kongreß selbst wird in dem voraufgehenden Bändchen behandelt werden.

Da der Friede kein isoliertes, punktuelles Ereignis ist, sondern ein immerwährender Prozeß, sollen auch die Überlegungen zusammengefaßt werden, die man sich in dem Jahrhundert nach 1815 machte, um den jeweils beschlossenen Frieden zu sichern und zu bewahren. Der Überblick kreist also nicht nur um die genannten Friedensschlüsse, sondern versucht auch, die Linien zwischen ihnen auszuziehen. Diese Kombination legte es nahe, in der Darstellungsform im ersten Drittel des Textes eine Mischung von Forschungsbericht und Essay vorzunehmen.

Besonders bei der Erörterung des Pariser Friedens von 1856, seines Vorfeldes wie seines Umkreises und seiner Nachwirkungen, konnte ich auf eigene Untersuchungen zurückgreifen. Da die *Erträge* der Forschung auf diesem Gebiet bisher nicht sehr groß sind, mußte auf zahlreiche *Lücken* der Forschung hingewiesen werden. Der das deutsche Geschichtsbewußtsein der Zwischenkriegszeit beherrschende Versailler Vertrag wurde in den welthistorischen Zusammenhang des Weltkriegsendes eingebettet und seine Bedeutung entsprechend relativiert. Daß viele seiner Probleme nur angerissen werden konnten (etwa die Territorialfragen) oder auch unerwähnt bleiben mußten, erklärt sich aber nicht nur aus dem Bestreben, die Darstellung im wesentlichen auf die tragenden Ideen zu beschränken, sondern auch aus der

Fülle des Materials, das zur Verfügung steht: Die 1970 erschienene Spezialbibliographie von Max Gunzenhäuser stellt die einschlägigen Titel auf einem Raum zusammen, der fast doppelt so groß ist wie derjenige dieses Bändchens.

Bonn, im April 1973 Winfried Baumgart

I. DER PARISER FRIEDENSKONGRESS VON 1856 UND DER BERLINER KONGRESS VON 1878

1. Das Europäische Konzert

Es gibt noch keine vergleichende und zusammenfassende systematische Geschichte des Europäischen Konzerts, jener Einrichtung, welche die Staatenbeziehungen zwischen dem Wiener Kongreß und dem Ausbruch des Ersten Weltkriegs mit wechselnder Funktion, wechselndem Erfolg und wechselnder, nach 1856 bzw. 1878 rasch nachlassender Intensität regulierte. Unter Europäischem Konzert wird die Art und Weise der Konsultation und Kooperation der europäischen Großmächte zur Beilegung oder Bekämpfung von internationalen Krisen und zur Beendigung oder Verhütung von Kriegen verstanden.

Die erstmalige Verwendung des Ausdrucks « concert » ist noch nicht geklärt. Seit den Friedensschlüssen von 1713/14 ist er in der diplomatischen Sprache anzutreffen. In den Koalitionsvereinbarungen der gegen das revolutionäre Frankreich stehenden vier Großmächte, vor allem aber in den Verträgen von 1814/15 werden Formulierungen wie « concert européen », « concert diplomatique », « système européen » immer wieder gebraucht. Das Europäische Konzert im 19. Jahrhundert, dem Zeitraum seiner vollen Wirksamkeit, umfaßte zunächst die vier Großmächte außer Frankreich. Sie schlossen 1815 die 'Heilige Allianz' ab, die als eine besondere Form des Konzerts angesehen werden kann, aber wegen ihrer eigentümlichen religiösen Begründung nur bis zum Tode des Zaren Alexander I. 1825 wirksam blieb. Das Europäische Konzert lebte indes fort. Seine Erweiterung fand auf vertraglichem Wege statt: Durch den Beitritt Frankreichs auf der Aachener Zusammenkunft von 1818 als fünfter Großmacht bildete es sich bereits zur 'Pentarchie der Großmächte' aus. Im Pariser Friedensvertrag von 1856 wurde die Türkei ausdrücklich als sechste Macht ins Europäische Konzert aufgenommen. Höhepunkt der Tätigkeit des Konzerts in der zweiten Hälfte des 19. Jahrhunderts war der Berliner Kongreß von 1878. Die Londoner Botschafterkonferenz von 1913 war seine letzte Manifestation.

Die Forschung nach dem Ersten Weltkrieg hat sich zwar besonders intensiv mit der Blütezeit des Europäischen Konzerts in den Jahren der von Metternich und Castlereagh geleiteten 'Kongreßdiplomatie'[1] beschäftigt, weil sie in diesem Versuch, das mühsam zustande gebrachte Friedenswerk des Wiener Kongresses durch die Einrichtung periodischer Zusammenkünfte der Monarchen und leitenden Minister zu erhalten, eine Vorform der Organisation des Völkerbundes gesehen hat; sie hat sich auch eingehend mit dem Berliner Kongreß von 1878 beschäftigt, da man von hier ab den Beginn der Abkehr von den Prinzipien gesamteuropäischer Friedenssicherung und die allmähliche Umgruppierung der europäischen Mächte in zwei sich feindlich gegenüberstehende Bündnisblöcke datierte; auch ist — von Heinz GOLLWITZER — eine Geschichte des Europagedankens und Europabewußtseins im 18. und 19. Jahrhundert geschrieben und ist jüngst von dem dänischen Historiker Carsten HOLBRAAD eine Ideengeschichte des Europäischen Konzerts entworfen worden. Doch wird man vergeblich nach einer umfassenden Darstellung der Funktionsweise des Europäischen Konzerts suchen, die etwa folgende Fragen beantworten würde: Warum ist es nicht zur Periodizität der Zusammenkünfte gekommen, wie sie in Artikel 6

[1] Neuere Literatur über das Kongreßsystem: Bertier de Sauvigny, Metternich et la France; Nichols, The European Pentarchy (Bibliographie S. 329—348). — Der Anmerkungsapparat für die folgenden Ausführungen muß knapp gehalten werden. Er dient dazu: 1. die Zitate zu belegen; 2. wichtige im Text nicht genannte Literatur anzugeben. Bei den bibliographischen Angaben wurde größeres Gewicht auf die neuere Literatur gelegt; mit ihrer Hilfe kann die ältere leicht ermittelt werden. Vollständige Angaben über die Schriften der in Kapitälchen gesetzten Autoren finden sich im Literaturverzeichnis.

der Pariser Quadrupelallianz von 1815 vorgesehen war, und daher nicht zu einer permanenten internationalen Organisation? In welchem Verhältnis stehen europäische Solidarität und nationaler Machtegoismus bei den nach 1822 immer wieder ad hoc zustande gebrachten internationalen Zusammenkünften? Wie ist überhaupt die Technik dieser Zusammenkünfte, angefangen von ihrer Vorbereitung über ihre Einberufung und Abhaltung bis hin zur Durchführung ihrer Beschlüsse? Als die Siegermächte 1919 die schwierige Aufgabe der Liquidation des Weltkrieges in Angriff nahmen, wollten ihre Vertreter in Paris sich die Friedensschlüsse des 19. Jahrhunderts als Richtschnur für ihr eigenes Friedenswerk nehmen, sofern sie nicht dem Völkerbund-Gedanken Wilsons anhingen. Aber es gab keine erschöpfende historische Darstellung der Systematik des Friedensschließens. Nur das britische Foreign Office hatte seit dem Jahre 1917 von seiner Historischen Abteilung eine Reihe von Leitfäden (›Handbooks‹) über die Maschinerie internationaler Zusammenarbeit im 19. Jahrhundert erstellen lassen, unter denen es eine Studie von Charles Webster über den Wiener Kongreß, von Ernest L. Woodward über den Berliner Kongreß und von Ernest M. Satow über Kongresse und Konferenzen des 19. Jahrhunderts gibt.[2]

Es ist schwierig, ein Urteil über den Erfolg oder Mißerfolg der Hauptaufgabe des Europäischen Konzerts, die Sicherung des allgemeinen Friedens, abzugeben, weil dem Konzert von verschiedenen Staatsmännern zu verschiedenen Zeiten sehr unterschiedliche Aufgaben zugedacht wurden.

[2] Eine vollständige Liste der ›Handbooks‹ (prepared under the direction of the Historical Section of the Foreign Office [ed. by George W. Prothero], Ldn 1920) findet sich z. B. am Schluß von Woodward, The Congress of Berlin. Die Liste umfaßt 166 Nummern, jede Nummer 50 bis 100 Seiten. — Über das Europäische Konzert vgl. die anregende Skizze von Webster, The Council of Europe. Nützliche Quellensammlungen sind: The Concert of Europe (für die Zeit von 1815—1914); Bertier de Sauvigny, La Sainte-Alliance (Texte auch über 1830 hinaus bis in die Zeit nach dem Zweiten Weltkrieg); Europapolitik (Texte 1815—1826).

In den Augen Metternichs diente das Europäische Konzert in erster Linie der Erhaltung der durch den Wiener Kongreß geschaffenen dynastischen Ordnung. Diesem dynastischen Konservatismus lag die Vorstellung zugrunde, daß die soziale Ordnung von internationalen konspirativen Gruppen bedroht werde; die Großmächte hätten das Recht und die Pflicht, gegen sozialrevolutionäre Bestrebungen durch gemeinsam zu beschließende Interventionen vorzugehen. Auf den Monarchenzusammenkünften von Aachen, Troppau, Laibach und Verona (1818—1822) hat Metternich eine Politik in diesem Sinne durchsetzen können. England hatte sich inzwischen unter Canning von diesem System der Kongreßdiplomatie, diesem „areopagitischen Geist" distanziert. Die Whigs hatten Metternichs Konspirationstheorie sogar umgekehrt und die Heilige Allianz als Komplott der Monarchen gegen die Völker hingestellt. Die englische Regierung bildete gegenüber seiner konservativen Interventionspolitik eine Politik der Intervention zugunsten der liberalen Bestrebungen der europäischen Völker aus, die sie im griechischen Aufstand zum erstenmal in großem Maßstab anwandte. Unter Palmerston wurde diese liberale Interventionspolitik weitergeführt. Von Napoleon III. dagegen wurde das Europäische Konzert, das der französische Kaiser am liebsten in einem großen europäischen Kongreß realisiert sehen wollte, als Mittel zur Verwirklichung seines « grand dessein » aufgefaßt: zu umfassender Revision der Verträge von 1815, die auf dem Wege einer wohldosierten Revolutionierung der Nationalitäten in Italien, Zentral- und Südosteuropa den internationalen Einfluß Frankreichs steigern sollte.

Die englischen Staatsmänner Palmerston, Russell und Gladstone haben gegenüber diesen Ansprüchen Napoleons, vor allem aber gegenüber dem russischen Hegemoniestreben im Orient, die Funktion des Europäischen Konzerts darin gesehen, das Mächtegleichgewicht auf dem Kontinent zu erhalten. Im Notfall, d. h. im Falle direkter militärischer Expansion einer Macht, durch welche diese sich ipso facto aus dem Konzert ausschloß, sollten die übrigen Konzertmitglieder mit militärischer Gewalt kollektiv einschreiten. So rechtfertigte Gladstone den Krimkrieg nachträglich (in der ›English Historical Review‹ von 1887) als legitime Abwehraktion der europäischen Mächte gegen die alleinige, selbstangemaßte Intervention eines ihrer Mitglieder in der Türkei und sah in dieser Kollektivreaktion den Ausdruck eines gesamteuropäischen Bewußtseins. Das Europäische Konzert hatte nach englischer Auffassung aber auch die Aufgabe, als Schutzvorrichtung für die Integrität eines den Expansionsbestrebungen einer Großmacht besonders exponierten Staates zu dienen. In diesem Sinne sollte die Gefahr einer Invasion Frankreichs in Holland 1830 und russischer Übergriffe in der Türkei gebannt werden. Während im ersten Fall, nach erfolgter Aggression, das Konzert als Kriegsbeendigungsmittel fungierte, erscheint es im zweiten Fall als Krisenbekämpfungsinstrument. Auf seiner am höchsten entwickelten Stufe sollte das Konzert als langfristiges Kriegsverhütungs-, als Friedenssicherungsmittel dienen in Form einer moralischen Vereinbarung, die jeder der Großmächte die Pflicht zur Zurückhaltung eigener Expansionsbestrebungen und zur Unterbindung solcher Bestrebungen der anderen auferlegen würde. Dieser Gedanke wurde von Castlereagh nach 1815 und von Gladstone nach 1880 verfolgt.

Unter den englischen Staatsmännern blieb die Anschauung, daß durch das Europäische Konzert die jahrhundertealte Gleichgewichtsidee im Sinne einer Ausbalancierung der kontinentalen Machtkämpfe und der Abwendung von Hegemonialansprüchen am besten verwirklicht werden könne, bis zum Ersten Weltkrieg erhalten. In der Politik Edward Greys läßt sich sogar eine direkte Verbindung zwischen dem Gedanken des Europäischen Konzerts und der Völkerbundsidee nachweisen. Die vor dem Krieg ad hoc einberufenen internationalen Konferenzen hat er als hilfreiches "emergency expedient" angesehen, im Kriege und danach aber bedauert, daß die Londoner Botschafterkonferenz nach den Balkankriegen nicht zu einer dauernden Einrichtung erhoben worden war. Lloyd George hat sogar 1919 im Pariser Viererrat das Europäische Konzert als Mittel der kollektiven Friedenssicherung gelobt und nur bedauert, daß es keine festere

Organisation angenommen und über keine Sanktionsinstrumente verfügt habe.

Auf dem Kontinent, vor allem in Deutschland, ist dagegen sowohl die von Metternich, Gentz u. a. entwickelte Vorstellung von der restaurativen und konservativen Funktion des Europäischen Konzerts als auch der Rankesche Gedanke eines naturgegebenen Spannungsgleichgewichts zwischen europäischer Gemeinsamkeit und machtstaatlicher Individualität verdrängt worden durch die in ihren geistigen Wurzeln auf Hegel rückführbare nationalliberale Lehre, daß der nationale Machtstaat die Vollendung des Prinzips der Real- und Interessenpolitik und irgendwelche Anrufung gesamteuropäischer Solidarität nur die Verbrämung einer machtegoistischen Politik sei. Bismarck verkörpert in seinem Werk der deutschen Einigung dieses das Bewußtsein gemeineuropäischer Handlungsfähigkeit weitgehend verneinende und den nationalstaatlichen Machtwillen durchsetzende Prinzip in augenfälligster Form. Er war in der Zeit der Einigungskriege ängstlich bemüht, die Gefahr europäischer Vermittlung zu bannen. Er weigerte sich, den Vorschlag Gorčakovs vom August 1876 zur Einberufung eines die orientalische Krise behandelnden europäischen Kongresses aufzunehmen. Er sträubte sich, Andrássys Anrufung einer europäischen Konferenz im Januar 1878 zur Verhinderung des russischen Diktatfriedens von San Stefano gutzuheißen. Europa war ihm eine « notion géographique » [3], die Inanspruchnahme europäischer Vermittlung im Falle eines zweiseitigen Konfliktes eine „Spiegelfechterei mit dem Europäertum". Das Wort 'Europa' glaubte er immer aus dem Munde derjenigen Politiker zu hören, „die von anderen Mächten etwas verlangten, was sie im eigenen Namen nicht zu fordern wagten", und verwies dabei auf das Vorgehen der Westmächte im Krimkrieg und in der polnischen Frage 1863, auf die Intervention Napoleons 1866 und die Hilferufe Thiers' an die Großmächte 1870. Ob-

[3] Die Große Politik II 87. Die folgenden Zitate ebenda S. 92, 88, 174. Zum ganzen vgl. Medlicott, Bismarck, Gladstone, and the Concert of Europe.

wohl Bismarck, wie er kurz vor dem Berliner Kongreß einmal sagte, bei der Vermittlungsforderung Napoleons 1866 einen Hannibalseid geschworen hatte und obwohl er 1878 statt des österreichischen Konferenzvorschlags lieber ein „präzis und säbelklirrend" formuliertes Ultimatum Österreichs an Rußland, also eine bilaterale Streiterledigung gewünscht hätte, mußte gerade er den Berliner Kongreß einberufen und leiten — den Kongreß, der in der Forschung ziemlich einhellig als die einzige Gelegenheit betrachtet wird, bei der das Europäische Konzert wirksam genug gewesen sei, eine siegreich kriegführende Großmacht vor die Schranken Europas zu zitieren, und der als Ausdruck des Prinzips gilt, daß wichtige Änderungen in der politischen Landschaft Europas auch der Sanktion Europas bedürften.

Unter bedeutenden Staatsrechtslehrern und Publizisten des 19. Jahrhunderts ist die Wirksamkeit des Europäischen Konzerts als einer friedensichernden Institution häufig positiv beurteilt worden.[4] Der Heidelberger Jurist Karl Salomo ZACHARIÄ bezeichnete 1841 die Wiener Schlußakte als das „Grundgesetz" und das Protokoll der Aachener Konferenz als das „organische Gesetz" des europäischen „Völkerstaats". Die Pentarchie sei als Korporation zur obersten Leitung der europäischen Angelegenheiten, zum „Directorium Europae" berufen und mit den übrigen Staaten durch eine „Schutzgenossenschaft" verbunden. Der Völkerrechtler Johann Kaspar BLUNTSCHLI sah in der internationalen Solidarität das notwendige Korrektiv zu einer einseitigen Nationalpolitik und im Europäischen Konzert den ersten Schritt zu einem weltweiten Gesamtbund. Der Londoner Professor für Völkerrecht Travers TWISS führte in einer 1861 erschienenen Schrift den Gedanken europäischer Solidarität bis auf den Westfälischen Friedenskongreß zurück. Die Friedensschlüsse von Münster und Osnabrück bedeuteten nicht nur die erste Anerkennung des Prinzips der territorialen Souveränität seitens der europäischen Mächte, sondern bildeten auch das „Fundament für ein europäisches Konzert zur Aufrechterhaltung dieses Prinzips". Die Verträge von Utrecht seien eine feierliche Bestätigung des Rechtes zur Koalitionsbildung gegen jede Macht, die das

[4] Zum folgenden vgl. neben Holbraad, The Concert of Europe passim (besonders S. 64—70, 108—112, 148—149), neuerdings Gollwitzer, Geschichte des weltpolitischen Denkens, S. 426—500.

europäische Äquilibrium zu stören trachte, und die Protokolle des Pariser Kongresses von 1856 bewiesen, daß der Geist, der jene Friedensschlüsse geprägt habe, immer noch in der europäischen Völkerfamilie lebendig sei. Der deutsche Publizist Constantin FRANTZ hielt nach dem Krimkrieg, der die internationalen Beziehungen in einen schnellflüssigen Zustand versetzt hatte, das System der Pentarchie für aufgelöst und wies auf die für Mitteleuropa gefahrvolle Herausbildung einer Tetrarchie, einer Viererherrschaft, auf der Weltbühne hin, die sich neben die Polyarchie in Europa stellen werde. Anfangs schloß er noch das napoleonische Frankreich in die Mächte ein, die zur Führung einer Weltpolitik fähig seien; in seinen späteren Schriften zählte er nur Nordamerika, Rußland und Großbritannien zu den Weltmächten.

Das wichtigste Aktionsmittel des Europäischen Konzerts im 19. Jahrhundert waren die internationalen Kongresse und Konferenzen. Eine schnittfeine Unterscheidung zwischen diesen beiden Formen internationaler Zusammenkünfte erscheint weder auf Grund der von der zeitgenössischen Völkerrechtslehre aufgestellten Kriterien noch mit Hilfe einer historischen Analyse der tatsächlich abgehaltenen Zusammenkünfte möglich. Nach dem (nicht immer einheitlichen) Sprachgebrauch der Teilnehmer könnte gesagt werden, daß die aus früheren Jahrhunderten überkommene Bezeichnung Kongreß den Zusammentritt der führenden Regierungsvertreter der Großmächte, mit Einschluß etwaiger kriegführender Mittelstaaten, zur Aushandlung eines Friedensvertrags bedeutet. Alle übrigen Zusammenkünfte sollten dem erst im 19. Jahrhundert üblich werdenden Begriff Konferenz vorbehalten bleiben. Eine Konferenz wird mit Ausnahme des Gastgeberlandes in der Regel nur von diplomatischen Vertretern (Botschafter, Gesandter) der interessierten Mächte beschickt, ihre Tagesordnung ist zumeist auf *eine* internationale Streitfrage beschränkt. Zwischen diesen beiden Kategorien liegen die vier Monarchenzusammenkünfte von 1818 bis 1822, bei denen die Souveräne einiger Großmächte mehrere gesamteuropäische Angelegenheiten behandelten und das Ergebnis jeweils in einem Protokoll (Zirkularnote, Manifest) niederlegten. Trotz des wechselnden Sprachgebrauchs unter den Teilnehmern selbst können sie zu den Konferenzen gerechnet werden.

Die Bezeichnung Friedens*konferenz* — und nicht nach dem Vorbild des 19. Jahrhunderts Friedens*kongreß* — für die Beratungen der Friedensschlüsse von Versailles und der anderen Pariser Vorortsverträge nach dem Ersten Weltkrieg hat verschiedene Gründe. Vor allem hatten die Teilnehmer keine genauen Vorstellungen über die Prozedur des Friedensschließens. Der Separatfriedensschluß der Siegermächte mit den einzelnen Verlierermächten ohne vorherige Verhandlungen war ein Novum und hätte die Bezeichnung Kongreß, die im allgemeinen Bewußtsein die Assoziation einer sämtliche Kriegführenden zugleich einschließenden Beratung über die Kriegsbeendigung hervorrief, nicht gerechtfertigt. Diese Eigenart ist schließlich auch Ausdruck für den endgültigen Zusammenbruch des europäischen Konzerts.

Schließt man aus der Zahl der internationalen Zusammenkünfte diejenigen nichtpolitischen Charakters aus und diejenigen, an denen nicht alle Großmächte teilnahmen, so kann man in dem Jahrhundert zwischen 1815 und 1914 zu einer Zusammenstellung kommen, die 3 Kongresse und 24 Konferenzen umfaßt.

Kongresse

Wien/Paris	1814—15	Europäische Territorialfragen und andere Angelegenheiten; Friedens- und Allianzvertrag
Paris	1856	Orientalische Frage (Friede mit Rußland) und andere Angelegenheiten
Berlin	1878	Orientalische Frage (Revision des Friedens von San Stefano)

Konferenzen

Aachen	1818	Frankreich und Nebenfragen
Troppau	1820	Revolutionäre Bewegungen (vor allem Neapel)
Laibach	1821	Revolution in Neapel
Verona	1822	Italien, Spanien, Orientalische Frage
London	1831—32	Belgien

Rom	1831—32	Reform des Kirchenstaates
London	1838—39	Belgien
Wien	1839	Orientalische Frage
London	1840—41	Orientalische Frage
London	1850—52	Schleswig-Holstein
Wien	1853	Orientalische Frage
Wien	1855	Orientalische Frage
Paris	1856—57	Orientalische Frage (Bolgrad, Schlangeninsel)
Paris	1858	Orientalische Frage (Donaufürstentümer)
Paris	1860—61	Orientalische Frage (Syrien)
London	1864	Schleswig-Holstein
London	1867	Luxemburg
Paris	1869	Orientalische Frage (Kreta)
London	1871	Orientalische Frage (Pontusklausel)
Konstantinopel	1876—77	Orientalische Frage (türkische Reformen)
Madrid	1880	Marokko
Berlin	1884—85	Afrikanische Angelegenheiten
Algeciras	1906	Marokko
London	1912—13	Orientalische Frage

Neben diesen internationalen Zusammenkünften, von denen die Frage Krieg oder Frieden abhing, hat das Europäische Konzert noch andere Formen der Kooperation entwickelt. Sie betrafen zumeist die Ausführung der auf den Kongressen und Konferenzen gefaßten Beschlüsse.

Außer auf die zahlreichen Grenzregulierungskommissionen ist auf die internationalen Gremien hinzuweisen, die ein Verfassungsstatut für die autonom erklärten Provinzen des ottomanischen Reiches (Donaufürstentümer/Rumänien nach 1856, Bulgarien/Ostrumelien nach 1878) ausarbeiten sollten. Zur Kontrolle der der Pforte auferlegten oder der von ihr versprochenen Reformmaßnahmen wurden häufig die Konsuln der Großmächte eingesetzt (Verwaltungsstatut für den Libanon 1864, für Ostrumelien und Mazedonien 1878, Kapitulationsrechte in Serbien 1862), die bei Unstimmigkeiten als nächsthöhere Instanz die Botschafter der europäischen Mächte in Konstantinopel anrufen konnten. Die nach dem Pariser Kongreß von 1856 in Konstantinopel abgehaltenen (noch ganz unerforschten) wöchentlichen Botschafterzusammenkünfte sind faktisch als ein permanentes Sekretariat des Europäischen Konzerts zur

Behandlung einer der wichtigsten gesamteuropäischen Fragen, der orientalischen Frage, anzusehen.

Eine europäische Kommission, die wegen ihres nichtpolitischen, technisch-wirtschaftlichen Charakters eine langdauernde fruchtbare Wirkung im Sinne internationaler Zusammenarbeit ausgeübt hat, war die durch den Pariser Kongreß von 1856 eingesetzte Europäische Donaukommission. Der Pariser Friedensvertrag hatte die Freiheit der internationalen Schiffahrt auf der Donau und ihren Mündungen sowie Befreiung von jeglichen Abgaben bestimmt. Die Europäische Donaukommission, die sich aus je einem Vertreter der sieben Signatarstaaten (der fünf Großmächte sowie Sardiniens und der Türkei) zusammensetzte und die Aufgabe hatte, die Donaumündungen von Isaccea flußabwärts auszubaggern, war in ihrer Funktion ursprünglich auf zwei Jahre begrenzt. Danach sollten ihre Aufgaben von einer Ständigen Uferstaatenkommission übernommen werden. Da diese jedoch wegen einer 1857 ausgearbeiteten Schiffahrtsordnung, die Österreich die Beherrschung der Donauschiffahrt ermöglicht hätte und daher den Widerstand Englands und Frankreichs auslöste, arbeitsunfähig wurde, entwickelte sich die Europäische Kommission zu einer ständigen Institution. Ihre Kompetenzen wurden durch eine Konferenz in Paris 1865, durch die Londoner Pontus-Konferenz 1871, durch den Berliner Kongreß und durch eine weitere Konferenz in London 1883 international sanktioniert und erweitert. Die verschiedenen nach den Weltkriegen unternommenen Versuche zur Fixierung des völkerrechtlichen Status der Donauschiffahrt, die 1938 zur Einschränkung der Befugnisse der 1921 errichteten Internationalen Donaukommission und 1948 überhaupt zu unsicherer Völkerrechtslage führte, zeigen, daß sich im 19. Jahrhundert das Europäische Konzert zur Einigung in einzelnen politisch untergeordneten Fragen als fähiger erwies, als es die Mächte nach den Weltkriegen waren.[5]

Ausdruck einer gesamteuropäischen Solidarität im 19. Jahrhundert sind auch die von den Großmächten gemeinsam oder in ihrem Auftrag unternommenen militärischen Interventionen und Demonstrationen, so bei Navarino 1827 im Krieg zwischen der Türkei und Grie-

[5] Über die völkerrechtliche Entwicklung der Donauschiffahrt vgl. vor allem Hajnal, Le droit du Danube; ferner Wegener, Die internationale Donau (S. 9—35 historischer, mit Literatur versehener Überblick bis 1948).

chenland, bei Antwerpen 1832 im Krieg zwischen Holland und Belgien, bei Akka 1840 im Krieg zwischen der Türkei und Ägypten, in Beirut 1860 beim Aufstand in Damaskus, in den griechischen Gewässern 1886 während der Auseinandersetzungen zwischen der Türkei und Griechenland. Nicht alle derartigen Interventionen sind solidarisch zustande gekommen. Die auf den Monarchenzusammenkünften von Troppau, Laibach und Verona beschlossenen Interventionen gegen die revolutionäre Bewegung in Neapel und Spanien sind unter ostentativem Fernbleiben und unter Protest Englands in Szene gesetzt worden. Die von Cavour auf dem Pariser Kongreß inspirierte, von England und Frankreich gewünschte militärische Demonstration gegen das Königreich Neapel mußte unterbleiben, weil Österreich und in geringerem Maße auch Rußland Bedenken geltend machten. Als Rußland im April 1877 der Türkei den Krieg erklärte, betonte es, daß es den Krieg als Mandatar Europas führe, um von der Türkei die Annahme der zuvor auf der Konferenz von Konstantinopel beschlossenen Reformmaßnahmen zu erzwingen. England verwahrte sich aber in aller Form gegen diesen Anspruch.

Auf der Konferenz von Konstantinopel 1876/77 wurde der Türkei von den europäischen Mächten die Stationierung einer belgischen Gendarmerie in den bulgarischen Provinzen vorgeschlagen. Wegen der Ablehnung des Konferenzergebnisses durch die Türkei konnte dieser Vorschlag nicht ausgeführt werden. Da hier Streitkräfte eines kleineren (und neutralisierten) Staates bereitgestellt werden sollten, ist diese geplante Maßnahme als eine Vorform des Einsatzes nicht der Völkerbundstruppen, sondern der UNO-Truppen anzusehen.

Eine im Zusammenhang noch nicht untersuchte Frage ist es, in welchem Maße die Friedenskongresse und die diplomatischen Konferenzen des 19. Jahrhunderts die Entwicklung des Völkerrechts vorangetrieben haben und vor allem: wieweit die internationalen Beziehungen auf machtpolitischer Ebene von dem auf den Kongressen statuierten Völkerrecht beeinflußt, d. h. domestiziert worden sind. Es gibt zwar Studien über einige der auf dem Wiener und Pariser Friedenskongreß niedergelegten Völkerrechtssätze, so über die in der Wiener Schlußakte (und in der Berliner Kongo-Akte von 1885) deklarierte Abschaffung des Sklavenhandels (Ferdinand von Martitz), über die Freiheit der Donauschiffahrt (vor allem von Henri Hajnal), über die Pariser Seerechtsdeklaration vom 16. April 1856 (Francis Piggott), über die Schwarzmeerklausel (von Kurt Rheindorf), über das Meerengenproblem (Serge Goriainov, Maria Papouktchieva u. a.)[6]; doch eine Darstellung über die Frage, wie stark oder wie schwach die Friedensverträge bzw. Konferenzprotokolle als Ganzes nachgewirkt haben, wieweit man sich bei späteren internationalen Krisen darüber hinweggesetzt hat oder in welchem Maße sie als Schranken gewirkt, wieweit beim Zustandekommen einer internationalen Konsultation frühere Verträge und Protokolle als Richtschnur, als Präzedenzfall gedient haben — eine solche Darstellung fehlt bislang.

Der Charakter und die Physiognomie des Europäischen Konzerts könnten durch Aufhellung dieser Fragen genauer bestimmt werden, darunter auch des Problems der Beziehungen der Großmächte zu den übrigen Staaten. Ohne genaue Kenntnis der Entwicklung dieses Problems dürfte eigentlich kein Urteil über die Zulassung oder Nichtzulassung dieses oder jenes kleineren Staates zu Friedenskongressen abgegeben werden, wie es besonders in der Geschichtsschreibung über den Berliner Kongreß immer wieder geschieht. Es ist methodisch bedenklich, sich darüber zu entrüsten, daß die verschiedenen Balkanvölkerschaften, über deren Schicksal auf dem Berliner Kongreß entschieden werden sollte, Objekte und nicht mithandelnde Subjekte des „europäischen Areopags" waren. Denn hinter ihrer minderberechtigten Beteiligung steckten schwierige völkerrechtliche Probleme, die eine lange Vorgeschichte haben. Die häufig wichtigeren machtpolitischen Interessen- und Utilitätsgesichtspunkte brauchen bei der Betrachtung nicht in den Hintergrund zu treten.

[6] Wieweit die Bekämpfung des Sklavenhandels im 19. Jahrhundert durch die Bemühungen des Wiener Kongresses und der nach 1815 in London tagenden Botschafterkonferenz beeinflußt wurde, ist noch unerforscht; die Darstellung von Martitz ist veraltet. Ebenso fehlt eine aus den Akten gearbeitete Darstellung der Lage der Juden in Rumänien, denen in Artikel 44 der Berliner Kongreßakte die rechtliche Gleichstellung mit den Rumänen zugesichert worden war.

Auf allen drei Friedenskongressen des 19. Jahrhunderts ist die Frage der Zulassung kleiner Staaten diskutiert worden. Buol und Walewski vertraten vor dem Beginn des Pariser Kongresses den Standpunkt, daß die gleichberechtigte Zulassung Sardiniens nicht möglich sei, da die (Vor-)Rechte der Großmächte ein entsprechendes höheres Maß an Pflichten bedingten, die von den kleineren Mächten gar nicht erfüllt werden könnten. In das Aachener Protokoll vom 15. November 1818 war von den Großmächten bereits eine bis in die zweite Hälfte des 19. Jahrhunderts nachwirkende Klausel aufgenommen worden, welche die Teilnahme von Vertretern der kleinen Mächte ermöglichte, sofern deren Interessen direkt berührt würden. Als der niederländische König 1830 beim Zusammentritt der Londoner Konferenz über Belgien[7] nicht zugelassen wurde und er sich in seiner Beschwerde auf das Aachener Protokoll berief, wurde ihm bedeutet, daß Teilnahme *an* den Konferenzen nicht identisch sei mit Anwesenheit *in* den Konferenzen; durch Informierung über den Gang der Diskussion nehme er an den Konferenzen bereits teil. Auf dem Berliner Kongreß scheint nach diesem Präzedenzfall verfahren worden zu sein. Denn die Beteiligung der Balkanvölkerschaften wurde nach dem Grundsatz geregelt, ihre Vertreter würden « écoutés, mais non entendus », d. h. sie wurden angehört, ohne mitentscheiden zu können. Im übrigen waren diese Völker, außer Griechenland, noch nicht unabhängige souveräne Staaten, also nicht voll völkerrechtsfähig. Die Anerkennung ihrer Unabhängigkeit (Rumänien, Serbien, Montenegro) sollte vom Kongreß ja erst beschlossen werden. In London 1912/13 wurde das heikle Problem dadurch umgangen, daß die Gesandten der kleinen Mächte ihre Friedenskonferenzen im Palast von St. James abhielten, während die Botschafter der Großmächte zu informellen Sitzungen im Foreign Officie zusammentraten. Bei den Friedensverhandlungen nach dem Ersten Weltkrieg, die im Zeichen eines 'demokratischen Friedens' geführt werden sollten, hat man nach anfänglichen Mammutbesprechungen den der Kabinettspolitik früherer Zeiten gemäßen Viererrat zur Behandlung der Hauptfragen gebildet. Die Vertreter der kleinen Staaten sind darin nur ad hoc gehört worden.

In ziemliches Dunkel gehüllt ist die Wirksamkeit des Artikels 8 des Pariser Vertrages von 1856[8], der den

[7] Über die Neutralität Belgiens in der europäischen Politik des 19. Jahrhunderts vgl. neuerdings Lademacher, Die belgische Neutralität.

[8] Über den Pariser Friedenskongreß von 1856 vgl. jetzt die Studie

im Sinne der Kriegsverhütung zukunftsweisenden Grundsatz niederlegte, daß bei einem Konflikt einer der Mächte mit der Türkei vor dem Rekurs zu den Waffen die Vermittlung der anderen Signatarmächte angerufen werden solle. Ist dieser Mediationsartikel in den internationalen Krisen, soweit sie die orientalische Frage betreffen, angerufen, ist er vielleicht auch — im Sinne der Forderungen der Friedensbewegung — auf die Behandlung anderer Materien ausgedehnt worden? Als Rußland am 24. April 1877 der Türkei den Krieg erklärte, berief es sich auf den Artikel 8, indem es feststellte, daß durch das Londoner Protokoll vom 31. März 1877, das ein letzter Versuch der europäischen Mächte war, die Türkei zu den seit fast zwei Jahren geforderten Reformen in ihren europäischen Provinzen zu veranlassen, das Erfordernis vorheriger Vermittlung erfüllt sei. Zuvor hatte es sich von Österreich-Ungarn in der geheimen Budapester Konvention vom 15. Januar 1877 zusichern lassen, daß dieses den Artikel 8 nicht anrufen werde. Österreich-Ungarn hatte sich zu dieser das kriegerische Vorgehen Rußlands erleichternden Zusage bereitgefunden, weil es den bis dahin letzten in der langen Reihe der Pazifikationsbestrebungen unternommenen Versuch der Mächte, die Konferenz von Konstantinopel, als Erfüllung der in Artikel 8 eingegangenen Verpflichtung betrachtete.

Im 23. Protokoll des Pariser Kongresses vom 14. April 1856 war eine Empfehlung zur Mediation bei allgemeinen internationalen Konflikten bereits ausgesprochen. Tatsächlich hat England in den Krisen von 1859, 1866 und 1870 das Pariser Protokoll angerufen und den streitenden Parteien seine Vermittlung angeboten. Den Kriegsausbruch hat es dadurch allerdings nicht zu verhindern vermocht. Die Betroffenen konnten daran erinnern « que le Protocole en question n'avait pas été rendu obligatoire pour les Puissances, qui restaient juges en dernier ressort de ce qui convenait à leur honneur et à leur dignité »[9]. In der Berliner

von Baumgart, Der Friede von Paris. Dort S. 260—69 die einschlägige Literatur.

[9] So die französische Regierung im Juli 1870 vor dem Ausbruch des deutsch-französischen Krieges (Brief des österreichisch-ungarischen Bot-

Kongo-Akte von 1885 ist ein Mediationsartikel — wahrscheinlich nach dem Vorbild des Pariser Protokolls — aufgenommen worden.

In diesem Zusammenhang ist noch auf eine weitere Forschungslücke hinzuweisen. Es wird häufig die Meinung vertreten, daß mit dem Ende des Krimkrieges das Europäische Konzert bis auf verschwindend geringe Reste zerfallen sei;[10] der Krimkrieg habe das Tor aufgestoßen zu einer Ära weitgehender Anarchie in den internationalen Beziehungen, zu einer Ära kurzfristig und ad hoc geschlossener zweiseitiger Offensivallianzen — im Gegensatz zur Epoche der « à perpétuité » geschlossenen Defensiv- und Restaurativallianzen nach 1815.

Diese Anschauung ist nur sehr bedingt richtig. Erstens war die Geschlossenheit des Europäischen Konzerts in der ersten Hälfte des 19. Jahrhunderts nicht derart, daß der staatliche Machtegoismus hinter dem gemeineuropäischen Solidaritätsbewußtsein zurückgetreten wäre — Canning etwa war, wenn auch aus andersgelagerten Motiven heraus, genauso kongreßunwillig wie später Bismarck, und Nikolaus I. setzte sich im griechischen Aufstand über das feierlich von der Heiligen Allianz beschworene Legitimitätsprinzip hinweg.

Zweitens gab es eine Reihe führender Staatsmänner in der zweiten Jahrhunderthälfte, die das Konzert lebensfähig erhalten wollten: Gladstone bemühte sich nach 1880 ernsthaft, das Europäische Konzert vor allem in der orientalischen Frage weiterhin ins Spiel zu bringen, und bezeichnete es noch 1896 nach den Armenier-Massakern als "a powerful [...] and in many cases a most useful instrument of good"[11]; Gorčakov appellierte in

schafters in London, Graf Apponyi, an Beust, London, 19. 7. 1870. Haus-, Hof- u. Staatsarchiv Wien, PA VII 75 [Varia 1870], f. 65). — Art. 8 und Protokoll 23 wurden auch im türkisch-griechischen Konflikt von 1869 angrufen.

[10] Vgl. dazu, mit unterschiedlicher Akzentsetzung, Schroeder, Austria, S. 392—427 und Baumgart, Der Friede von Paris, S. 246—258; ferner Hinsley, Power and the Pursuit of Peace, S. 238—256.

[11] Zitiert bei Holbraad, The Concert, S. 169.

den Querelen zwischen Rußland und der Türkei an « la grande Europe » [12] nicht nur aus einer hochentwickelten Eitelkeit (Bismarck brachte vor dem Berliner Kongreß das Wort Gorčakovs bei den europäischen Kanzleien in Umlauf, dieser wolle nicht eher sterben, bevor er einem europäischen Kongreß präsidiert habe) und nicht nur, um die russischen Expansionsbestrebungen auf dem Balkan zu verschleiern (wie das Bismarck, seinen eigenen politischen Grundsätzen entsprechend, für selbstverständlich voraussetzte), sondern auch aus aufrichtigen Humanitätserwägungen; diese wurden von Wilhelm I. geteilt, der die russischen Niederlagen von Plevna 1877 als „Ohrfeigen, die allen christlichen Mächten erteilt" werden [13], empfand.

Drittens gibt es den Berliner Kongreß, der aus den nämlichen Gründen wie die vorherigen europäischen Kongresse zusammengekommen war, d. h. in diesem Fall um das Übermaß an Machtzuwachs Rußlands in San Stefano auf ein mit den Interessen der anderen Mächte (Englands und Österreich-Ungarns) verträgliches Maß zurückzuführen.

Viertens bot die orientalische Frage bis zum Weltkrieg immer noch ein fruchtbares Feld für ein europasolidarisches Auftreten.

Und fünftens gab es, was überhaupt noch nicht analysiert ist, nach dem Pariser Kongreß zahlreiche gescheiterte, aber sehr intensive Versuche, vor allem von russischer und von französischer Seite, einen gesamteuropäischen Kongreß einzuberufen: Unter den preußischen Akten etwa liegt ein kaum beachteter Sachaktenfonds von vier Bänden über die Kongreßbemühungen in dem Jahrzehnt zwischen 1859 und 1869.[14] Rußland bemühte

[12] Gorčakov an Ignat'ev, 14. 5. 1876 (Goriainov, La question d'Orient, S. 78).

[13] Hohenlohe, Denkwürdigkeiten II, S. 223 (Eintragung v. 22. 10. 1877).

[14] Geheimes Staatsarchiv Berlin, IA Bc Nr. 887—890 (Einladung Napoleons an sämtliche europäische Regierungen zu einem Kongreß nach Paris, Bd. I—IV). Verstreute Bemerkungen finden sich in der einschlägigen Literatur, für die Jahre 1865—66 z. B. bei Pottinger, Napoleon III (gemäß Register S. 234).

sich, den Vorfrieden von Villafranca und den Frieden von Zürich vor das europäische Forum zu bringen. Das Vorhaben scheiterte, weil Napoleon III. mit Hilfe der berühmten Flugschrift ›Le Pape et le Congrès‹ die Entscheidung präjudizieren wollte. Napoleons Versuch während des polnischen Aufstandes, zu einem Kongreß einzuladen, prallte nicht nur am Widerstand Rußlands ab, das die polnische Frage als eine innerrussische Angelegenheit ansah (deshalb ist sie auch auf dem Pariser Kongreß von 1856 trotz Napoleons Wünschen nicht behandelt worden), sondern vor allem an der entschiedenen Haltung der englischen Regierung; denn Russell erwartete von einem Kongreß, auf dem Napoleon natürlich wieder alle möglichen Konfliktstoffe, bestehende und künftige, zu behandeln wünschte, keine friedliche Lösung der verschiedenen Streitpunkte, sondern eine Komplizierung und Vergiftung der internationalen Beziehungen. Die Kongreßbemühungen zwischen 1859 und 1869/70 sind gescheitert, so darf vorsichtig formuliert werden, weil unter den Mächten nie Einstimmigkeit über die Tagesordnung zustande kam und weil die Auffassungen über eine wirksame Exekution der zu fassenden Beschlüsse stets auseinandergingen.

Überblickt man die Wirksamkeit des Europäischen Konzerts in seiner 'klassischen Zeit' zwischen 1815 und 1856 bzw. 1878 und in seiner 'Zerfallszeit' zwischen 1856/78 und 1914, wird man dem Urteil des französischen Historikers Charles Dupuis, der als einer der ersten eine Ereignisgeschichte des Europäischen Konzerts vom Westfälischen Frieden bis zur Konferenz von Algeciras geschrieben hat, im wesentlichen zustimmen können [15]: „Da der Sinn für eine Kollektivregierung fehlte, konnte das Konzert der Großen Mächte nicht die Gestalt einer regulären und dauernden Institution annehmen; es konnte nur als eine mehr oder minder glückliche Aushilfe dienen, die gelegentlich Schwierigkeiten oder Probleme, von denen die Interessen aller betroffen waren, lösen konnte; als ein intermittierend zusammentretendes Organ, das die Bedingungen für ein Übereinkom-

[15] Dupuis, Le principe d'équilibre, S. 496.

men aushandelte, wenn ein Übereinkommen einer kriegerischen Auseinandersetzung vorzuziehen war, indem es die Interessen der Großen aufeinander abstimmte, wenn diese eine Übereinstimmung für nützlich hielten, und indem es das Gesetz des Übereinkommens, auf das sich die Großen schließlich geeinigt hatten, allen anderen auferlegte." Wenn man allerdings voraussetzt, daß das Europäische Konzert von vornherein nur bescheidene Ansprüche im Sinne der Friedenssicherung stellte und stellen konnte, und dementsprechend bedenkt, daß besonders durch den Pariser Friedenskongreß, aber auch durch den Berliner Kongreß, wie noch zu zeigen sein wird, die Gefahr eines Weltkrieges gebannt wurde, dürfte man das Urteil um eine Nuance günstiger ausfallen lassen.

2. *Die orientalische Frage*

Im Zentrum der Bemühungen des Europäischen Konzerts, in internationalen Krisen den Frieden zu bewahren oder nach einem Kriegsausbruch das Kriegstheater zu lokalisieren und es sich nicht zu einer gesamteuropäischen Konflagration ausweiten zu lassen, stand die orientalische Frage. Um sie herum läßt sich die Problematik des Pariser wie auch des Berliner Kongresses gruppieren.

Die orientalische Frage ist in der deutschen und österreichischen Forschung aus der hervorragenden Stellung, die sie bis in die zwanziger Jahre unseres Jahrhunderts innehatte, in den Hintergrund gedrängt worden. Das erscheint um so bemerkenswerter, als Österreich die wohl am engsten mit dieser Frage verbundene Großmacht des 19. Jahrhunderts war, deren umfangreiche einschlägige Archivalien noch längst nicht ausreichend ausgeschöpft sind. Die Erforschung der orientalischen Frage erfreut sich dagegen in den angelsächsischen Ländern einer ungebrochenen Intensität, die einmal aus dem Engagement Englands im Nahen Osten bis in die fünfziger Jahre und im Falle der USA mit der Renaissance der Gleichgewichtspolitik (darüber vgl. unten das Schlußkapitel) primär zu erklären sein dürfte. Sie kommt allein schon darin zum Ausdruck, daß kürzlich rasch hintereinander zwei handbuchartige Darstellungen der orientalischen Frage von den englischen Forschern Matthew S. Anderson und G. D. Clayton vorgelegt wurden. Der folgende Aufriß soll daher den bedeutenden Stellenwert der orientalischen Frage für die Großmächtepolitik des 19. Jahrhunderts im allgemeinen und für die Kongresse von 1856 und 1878 im besonderen fixieren und darüber hinaus auf zahlreiche Lücken in ihrer Erforschung hinweisen.

Von den sogenannten internationalen 'Fragen' der neueren Geschichte ist die orientalische Frage sicherlich die merkwürdigste, langwierigste und folgenreichste. Würde man einen Zeitgenossen des Jahres 1900 gefragt haben, aus welchem Anlasse und an welchem Punkt der Erde ein Weltkrieg ausbrechen könnte, hätte er auf einem Globus seinen Finger vermutlich nicht in Mitteleuropa, auf Elsaß-Lothringen oder auf Polen als Herd möglicher Aufstände verweilen lassen, sondern eher im Fernen Osten oder in Afrika, höchstwahrscheinlich aber im ottomanischen Reich.

Die europäischen Staatsmänner des 19. Jahrhunderts sprachen großenteils mit Verachtung, aber auch mit untergründiger Furcht von diesem ungefügen, scheinbar unzivilisierten und scheinbar dahinsiechenden Riesenkörper, der sich immer noch über drei Kontinente hinweg erstreckte. Zar Nikolaus redete vom „kranken Mann am Bosporus". Metternich beschwor beim Ausbruch des Krimkrieges seinen Schüler Buol, Österreich dürfe seine Politik nur in einer Richtung betreiben, und zwar in der Richtung „des *Entfernthaltens eines europäischen Krieges, aus orientalischen Ursachen*" [16]. Außenminister Clarendon bezeichnete eine der Balkanprovinzen, die Moldau, die den Geschäftsgang der europäischen Kanzleien 1857 gerade wieder einmal in schnelle Bewegung gebracht hatte, als "a little barbarous province at the end of Europe" [17], die England also kaum etwas angehe (ähn-

[16] Zitiert bei Baumgart, Der Friede von Paris, S. 69.

[17] Zitiert bei Anderson, The Eastern Question, S. 152. Das Buch von Anderson ist die derzeit beste Zusammenfassung der diplomatischen Geschichte der orientalischen Frage. Eine vielseitige Handbuch-Darstel-

lich sprach auch Chamberlain 1938 von der Tschechoslowakei). Bismarck äußerte sich verächtlich über das „bißchen Herzegowina"[18], über die balkanischen Schafs- und Pferdediebe und die „Leute da unten". Er wußte aber auch wie jeder andere europäische Staatsmann, daß „die nationalen Fragmente, welche die Balkanhalbinsel bevölkern"[19], für Europa einen gefährlichen Konfliktstoff bildeten. Im Oktober 1876 schrieb er, nachdem ihm der Entschluß Rußlands, gegen die Türkei mit Waffengewalt vorzugehen, mitgeteilt worden war: „Die ganze Türkei mit Einrechnung der verschiedenen Stämme ihrer Bewohner ist als politische Institution nicht so viel wert, daß sich die zivilisierten europäischen Völker um ihretwillen in großen Kriegen gegenseitig zugrunde richten sollten." Genau das hat Europa 38 Jahre später getan. Wegen des „bißchen Serbien" gingen 1914 in Europa die Lichter aus.

Man kann zur Veranschaulichung die orientalische Frage mit einem tätigen Vulkan vergleichen, der in periodischen Abständen ausbricht und die umliegenden Gebiete in Mitleidenschaft zieht und dessen Grollen zwischen den großen Eruptionen mehr oder minder deutlich vernehmbar und spürbar ist. Die Staatsmänner und Diplomaten des 19. Jahrhunderts pflegten von der orientalischen Frage gern in medizinischen Ausdrücken, von der ansteckenden Krankheit, dem Geschwür u. ä., zu sprechen, so wie viele es auch von der Revolution taten. Wegen der eigentümlichen Periodizität der großen und kleinen orientalischen Krisen ist man verleitet, mit Begriffen aus der modernen Konjunkturforschung zu operieren, d. h. die Zeit zwischen den in Abständen von 20—25 Jahren ausbrechenden russisch-türkischen

---

lung der Geschichte der Balkanländer und des ottomanischen Reiches ist Stavrianos, The Balkans. Beide Handbücher sind mit reichhaltigen bibliographischen Angaben versehen. Als Hilfsmittel wichtig die ›Südosteuropa-Bibliographie‹ (in dem zuletzt erschienenen Bd. 4, 1 ⟨1971⟩ z. B. finden sich einschlägige Titel in den Abschnitten von Nr. 308—462).

18 Schweinitz, Denkwürdigkeiten I, S. 334. Das folgende Zitat bei Eyck, Bismarck III, S. 267.

19 Bismarck, Gesammelte Werke XV, S. 398. Das folgende Zitat in ›Die Große Politik‹ II, S. 71.

Kriegen als die langen Wellen, die in 7—10jährigen Abschnitten wiederkehrenden Aufstände und Massaker als die mittleren und die in kleinen 1—2jährigen Stößen hervorbrechenden Krisen als die kurzen Wellen zu bezeichnen. Im 19. Jahrhundert kam es 1806, 1828, 1853, 1877 zu einem russisch-türkischen Krieg; 1895/96 brach ein solcher trotz der Armenier-Massaker nicht aus, weil Rußland im Fernen Osten beschäftigt war. Knapp zwanzig Jahre später kam es zu den beiden Balkankriegen bzw. zum Weltkrieg, dem „dritten Balkankrieg“ (Joachim REMAK). Als die mittleren Wellen lassen sich etwa für die Zeit nach dem Krimkrieg der Aufstand in Damaskus 1860/61, der kretische Aufstand 1866/69, die Aufstände in der Herzegowina, in Bosnien und Bulgarien 1875/76, die revolutionäre Vereinigung zwischen Bulgarien und Ostrumelien 1885, der Aufstand in Kreta und die Armenier-'Greuel' 1895/97 und die jungtürkische Revolution mit der Bosnienkrise 1908 auffassen. Als Beispiel für die kurzen Wellen können die Jahre zwischen dem Pariser Frieden und dem syrischen Aufstand herangezogen werden: 1856 Krise über Bolgrad und die Schlangeninsel, 1857 Krise wegen der Wahlen in den Donaufürstentümern, 1858 Grenzkämpfe zwischen der Türkei und Montenegro, 1859 blutige Zusammenstöße in den türkischen Garnisonsorten Serbiens (die beinahe, was kaum untersucht ist, zu einer gesamteuropäischen kriegerischen Verwicklung geführt hätten, wie es 1914 dann tatsächlich geschah) und Doppelwahl Alexander Cuzas in den Donaufürstentümern.

Die orientalische Frage ist also in dem Jahrhundert zwischen dem Wiener Kongreß und dem Ersten Weltkrieg eine diplomatische Konstante in den internationalen Beziehungen, mit der sich die europäischen Kanzleien mehr beschäftigt haben als mit irgendeiner anderen Frage. Die Akten der diplomatischen Vertretung Österreichs in Konstantinopel etwa übertreffen an Umfang die entsprechenden Bestände des Schriftverkehrs mit den Hauptstädten der europäischen Großmächte um ein Vielfaches. Ähnliches gilt für die Quellenmassen in den Archiven des Pariser, Londoner, St. Petersburger und Berliner Außenministeriums.

Was bedeutet die orientalische Frage? Da sie im Vordergrund der Beratungen sowohl des Pariser als des Berliner Kongresses stand und auch eine Rolle bei Ausbruch des Weltkrieges und den ihn abschließenden Friedensverträgen spielte, bedarf sie einer kurzen grundsätzlichen Erläuterung. Im weitesten Sinne ist die orientalische Frage (englisch: Eastern question, französisch: question d'Orient, russisch: vostočnyj vopros) die Summe der Probleme, die sich aus „dem Rückzug des Islams aus Europa, Asien und Afrika" ergaben (Edouard DRIAULT). Im engeren, die europäische Geschichte unmittelbar betreffenden Sinne umfaßt sie die Probleme, die mit dem Rückzug der Türken aus Europa zusammenhängen. Sieht man von den feineren Schichten dieses komplexen Problems ab und konzentriert sich auf die stärkeren Lagen, lassen sich deren drei unterscheiden: der Zerfall der osmanischen Macht im Innern; das nationale Erwachen der von den Türken beherrschten Völkerschaften, vor allem der Balkanvölker; und das Eingreifen der europäischen Mächte in diesen Zerfallsprozeß, das auf ihre Beziehungen untereinander entscheidend zurückwirkte. Es wäre eine reizvolle Aufgabe, den Niedergang des ottomanischen Reiches, einer der großen politischen Machtschöpfungen der Weltgeschichte, mit dem Ende des römischen oder des byzantinischen Reiches zu vergleichen.

a) Die innere Schwächung des ottomanischen Reiches

Was den ersten Komplex, den inneren Machtverfall des osmanischen Reiches, betrifft, so sind weder alle seine Ursachen bis in die feinsten Verästelungen hinein erforscht, noch liegt eine vorläufige Gesamtdarstellung darüber vor. Die älteren Monumentalwerke von Joseph von HAMMER-PURGSTALL, der für seine bis zum Ende des 18. Jahrhunderts reichende osmanische Geschichte die türkischen Quellen verwendet hat, und von Johann Wilhelm ZINKEISEN, der das seinerzeitige Wissen aus europäischen, vor allem französischen, Archiven ergänzt hat, bleiben wegen ihres Materialreichtums noch heute unentbehrlich.

Der Begriff Machtverfall des osmanischen Reiches ist relativ. Er ist zutreffend im Vergleich zur Machtkonzentration der europäischen Großmächte; gegenüber den anderen islamischen Reichen des 19. Jahrhunderts — dem Reich der indischen Großmogule, Persien und Marokko — blieb das ottomanische Reich immer noch eine achtunggebietende Macht. Es gilt heute als feststehend, daß der Niedergang im Innern früher einsetzte als der von Europa erzwungene Rückzug, daß also beide Prozesse lange Zeit unabhängig voneinander wirksam waren. Der Höhepunkt der großartigen Machtentfaltung war mit der Regierung Suleimans des Prächtigen überschritten. Seitdem begannen die beiden Grundsäulen der osmanischen Herrschaft, der Staatsapparat und die Heeresmaschine, sich allmählich aufzulösen.

Infolge der Abschaffung der alten Nachfolgeordnung, die fähige Sultane an die Macht gebracht hatte, zugunsten des Seniorats gelangte eine Reihe moralisch und physisch degenerierter Sultane auf den Thron. Palast- und Haremsintrigen breiteten sich an der Staatsspitze aus. Ämterkäuflichkeit und allgemeine Bestechung in der übrigen Zentralverwaltung drängten das Verfahren der Beamtenrekrutierung nach Verdienst beiseite. Was zunächst in Konstantinopel üblich wurde, griff auch auf die Provinzen über. Das System der Erhebung feststehender Steuern wurde durch das willkürliche Steuerpachtsystem ersetzt.

Das Timar-System als Grundlage der Wehrkraft des Reiches, dem europäischen Lehnswesen vergleichbar, wurde durch Einziehung und Wiederverpachtung der zahlreichen Lehnsgüter zum Zwecke der Vergrößerung der staatlichen Einkünfte seines militärischen Verdienstcharakters entkleidet. In den vom Zentrum weiter entfernt liegenden Gebieten wirkte es zentrifugal, indem den staatlichen Eingriffen Widerstand geleistet wurde und sich quasi-unabhängige Territorialherrschaften herausbildeten. Die Abschaffung der Knabenlese (devşirme) im 17. Jahrhundert, d. h. die Gestellung unverheirateter Jünglinge durch christliche Untertanen für den Hof- und Militärdienst, wirkte sich schädlich nicht nur auf die Verwaltung, sondern auch auf das Elitekorps der Janitscharen aus. Zusammen mit der Heiratserlaubnis und der Käuflichkeit der Ernennungspatente blähte dieser Schritt das Korps zu einer ungefügen Einrichtung und schließlich zu einer gefährlichen Prätorianergarde auf, die den Hof tyrannisierte, statt von ihm befehligt zu werden.

Beim Niedergang der Wirtschaftskraft des Reiches ist der Zusammenhang innerer und äußerer Ursachen größer. Die im 16. Jahrhundert in Europa durch das Einströmen der amerikanischen Edelmetalle sich ausbreitende Finanzkrise machte sich auch im ottomanischen

Reich bemerkbar. Die Handelsbilanz verschob sich immer mehr zugunsten der europäischen Partner, nicht zuletzt durch die Ausweitung der Kapitulationen. Vor allem aber erlebte das ottomanische Reich nicht die revolutionierende Wirkung der kapitalistischen Wirtschaftsweise Europas, da vor allem eine starke 'bürgerliche' Mittelschicht fehlte.

Die Ursachen des Niedergangs wurden von einsichtigen Großwesiren, etwa den Köprülüs, und schließlich auch von den Sultanen erkannt, zumal sie durch die militärischen Niederlagen gegenüber Rußland und Österreich im 18. Jahrhundert offenbar wurden. Selims III. Reformeifer, von den Wirkungen der Französischen Revolution angefacht und beflügelt, wurde aber von den Janitscharen erstickt, die den Sultan kurzerhand umbrachten. Mahmud II. packte das Übel an der Wurzel, indem er nach umsichtiger Vorbereitung 1826 den Kern des wertlosen und aufsässigen Janitscharenkorps buchstäblich über die Klinge springen ließ (ein Ereignis ähnlich der Beseitigung der Strelitzen durch Peter d. Gr. oder der Ausrottung der Kulaken durch Lenin und Stalin).

Während Mahmud mit Reformen am äußeren Erscheinungsbild der türkischen Macht ansetzte — indem er sich vor allem um die Europäisierung des Heerwesens bemühte (Moltke!) —, ging es den Erben seines Reformwerkes, den Großwesiren Reschid, Ali und Fuad Pascha, um eine im europäischen Sinne verstandene Modernisierung des türkischen Reichsbaues auf allen Ebenen: in der Verwaltungsstruktur, in der Wirtschafts- und Sozialverfassung und im Heerwesen. Wir wissen heute, daß dieses grandiose Reformwerk (Tansimat, das im engeren Sinne von 1839 bis 1876 reicht und in der Größe seines Ansatzes mit der Europäisierung Rußlands seit Peter d. Gr. verglichen werden kann) gescheitert ist, da es den Zerfall des Reiches im wesentlichen nicht aufgehalten hat. Schon das Europa des 19. Jahrhunderts glaubte zu wissen, daß der Untergang der Türkei naturnotwendig sei. Doch durch bessere Einsichten in die Tansimatperiode vermögen wir heute die Voraussetzungen und Realitäten des türkischen Machtabstiegs deutlicher abzuschätzen und vor allem das Urteil darüber wesentlich zu relativieren.

Die allgemein herrschende Auffassung über die türkischen Reformen des 19. Jahrhunderts ist, daß die osmanischen Staatsmänner unfähig gewesen seien, dem Reich durch diese Reformen den Anschluß an die westliche Zivilisation zu ermöglichen und ihm damit eine Überlebenschance zu gewähren. Scheinbar zu Recht wird darauf verwiesen, daß die großen Reformerlasse, der Hatt-i Şerif von 1839, der Hatt-i Hümayun von 1856 und die Verfassung von 1876, Akte der Heuchelei gewesen seien, mit deren Hilfe die diplomatische Unterstützung der europäischen Mächte in Augenblicken akuter Gefahr gewonnen werden sollte, und daß sie ja auf dem Papier stehenblieben, wie die chronischen Unruhen unter den verschiedenen Völkerschaften des Reiches immer wieder zeigten. Diese Auffassung ist zu einseitig. Gewiß waren vor allem die erste und dritte der großen Reformmaßnahmen auch diplomatische Waffen; doch nach dem Buch des Amerikaners Roderic H. DAVISON, in dem die Reformarbeit zwischen dem Pariser Frieden und dem Beginn des russisch-türkischen Krieges von 1877 analysiert wird, muß die bisherige Anschauung dahin ergänzt werden, daß ohne diese Reformansätze — um mehr als um Ansätze handelte es sich nicht — die jungtürkische Revolution von 1908 und vor allem das Reformwerk Kemal Atatürks undenkbar erscheinen. Die ein Jahrhundert ausfüllende Umwandlung des osmanischen Vielvölkerreiches zum türkischen Nationalstaat europäischer Prägung muß als Einheit aufgefaßt werden. An ihrem Beginn steht Mahmud II., an ihrem Ende Kemal Atatürk (Georg STADTMÜLLER).

Hauptziel der Reformer mußte die Säkularisierung des gesamten Staatswesens sein, da das islamische Recht die sozialen Verhältnisse bestimmte und ohne seine Zurückdrängung Reformen westlich-weltlicher Prägung unmöglich waren. Dieses Ziel ist bis zu einem gewissen Grade erreicht worden. Durch den Hatt-i Şerif und den Hatt-i Hümayun ist die rechtliche Gleichstellung aller Untertanen, Moslems und Nichtmoslems (Rajah), statuiert und dadurch das Prinzip der Zweischichtigkeit der Reichsbevölkerung formell aufgehoben worden. Davison weist darauf hin, daß diese Doppelschichtigkeit im 19. Jahrhundert gar nicht das Hauptproblem war, das nach Anschauung der europäischen Mächte die Krankheitsausbrüche des Reichskörpers verursacht hat. Die soziale Trennungslinie verlief nicht eigentlich zwischen Moslems und Rajah, sondern zwischen Herrschern und Beherrschten. Zu jenen zählten sowohl der türkische Beamte und Soldat als auch der griechische oder armenische Geldleiher und Kaufmann, vor allem aber der Geistliche jeglicher Konfession. Zu diesen gehörten nicht nur christliche, sondern auch islamische Bauern. Die sozialen Schranken sollten durch die Einführung europäischen (französischen) Rechtswesens, europäischer Schulbildung und durch die Verwaltungsreorganisation der Millets (Bevölkerungsgruppen nichtmuslimischer Religion) beseitigt werden. Das 1863 erlassene Statut des armenisch-gregorianischen Millets etwa beruhte auf dem Prinzip einer starken Beteiligung des Laienelements (im Gegensatz zur früheren Alleinherrschaft der Geistlichkeit) an der Millet-Verwaltung. Mit der 1864 begonnenen Neuordnung der Provinzialverwaltung wurde versucht, das Repräsentativprinzip in Form der Bindung des Gouverneurs an eine Provinzialversammlung (meclis, Medschlis) zu verwirklichen. Die Reformen waren darauf angelegt, ein einigendes Reichsbewußtsein, den Ottomanismus (Osmanlilik), zu schaffen, um den zentrifugalen Tendenzen des Nationalismus wieder zentripetale Kräfte entgegenzusetzen. Die Verfassung von 1876 sollte nicht nur die Einmischung der europäischen Mächte nach dem Aufstand in Bosnien und Bulgarien abwehren, sondern nach dem Willen ihres Schöpfers, Midhat Pascha, des letzten großen Reformers der Tansimat-Periode, Krönung des Reformwerks sein. Sie wurde nicht am grünen Tisch erarbeitet, sondern war der „Kulminationspunkt der Reformbemühungen" der voraufgegangenen Jahrzehnte (Robert Devereux).

b) Der Nationalismus auf dem Balkan

Was den zweiten Komplex der orientalischen Frage angeht, den revolutionären Nationalismus[20] der einzelnen ethnischen

[20] Beste Einführung das Handbuch von Stavrianos, The Balkans. Speziell für den Krimkrieg und den Pariser Friedensvertrag vgl. den

Bestandteile des ottomanischen Reiches, vor allem der Balkanvölkerschaften (um sie geht es hier, weil nur sic im Pariser und Berliner Vertrag figurieren, nicht auch die Araber, Kurden, Berber usw.), so standen sich hier wie in den Vielvölkerreichen Österreich und Rußland die unversöhnlich erscheinenden Prinzipien des Nationalstaats und des übervölkischen Reiches gegenüber. Rückschauend wird man sagen dürfen, daß die von Churchill nach den Friedensschlüssen von 1919/20 so heftig beklagte Balkanisierung des südosteuropäischen Raumes, die in Ansätzen schon im Pariser Friedensvertrag von 1856 zu beobachten und seit dem Berliner Kongreß voll in Gang gekommen ist, den dortigen Bewohnern kaum ein weniger opferreiches Leben gebracht hat, als sie es unter dem osmanischen und dem habsburgischen Zepter geführt haben.

Der Balkan-Nationalismus ist im übrigen nicht nur eine die übernationale Ordnungsidee zersetzende Kraft gewesen, er ist auch, nach dem Sieg über die Reichsidee, ethnozentrisch geworden, das heißt, der eine Nationalismus grenzte sich scharf vom andern ab. Das ist der eigentliche Grund, warum Fürst Michael von Serbien nicht den von ihm vor 1868 erstrebten Bund der Balkanvölker gegen die türkische Herrschaft zustande gebracht hat und warum dem ersten Balkankrieg gegen die Türkei 1913 ein zweiter folgte, in dem sich die Balkanvölker untereinander bekriegten. Der Kampf der Rumänen und Bulgaren um nationale Unabhängigkeit war nicht nur gegen die Vertürkung, sondern ebenso gegen die Gräzisierung, d. h. gegen den übermächtigen kulturellen und religiösen Einfluß der Griechen gerichtet. Der Volkstumskampf wurde innerhalb einer Volksgruppe gar nicht einmal von allen Schichten gewünscht. Die herrschende Schicht, die häufig der eigenen Volksgruppe entstammte, vielleicht in-

Forschungsbericht von Baumgart, Probleme der Krimkriegsforschung (besonders S. 258—264); für den russisch-türkischen Krieg von 1877—78 neuerdings Ulunjan, Bolgarskij narod (Literatur S. 185—194) und Poglubko, Očerki (Literatur S. 285—296). Als Bibliographie unentbehrlich: Südosteuropa-Bibliographie.

zwischen islamisiert war, wie in Bosnien, hatte Interesse, daß die türkische Herrschaft, die ihre Privilegien gewährleistete, erhalten blieb.

In der Geschichtsschreibung wird dem Berliner Kongreß mitunter Mißachtung des Nationalitätenprinzips vorgeworfen. Hat aber der von Rußland diktierte Friede von San Stefano 1878 diesem Prinzip eher entsprochen? Es läßt sich zwar nachweisen, daß die Grenzen des damals geschaffenen Großbulgarien nach den besten seinerzeitigen Erkenntnissen der Ethnographie gezogen worden waren (etwa nach der 1876 publizierten ethnographischen Karte von Heinrich Kiepert). Doch fühlten sich die Serben durch diesen Friedensschluß schmählich hintergangen. Die völkische Gemengelage machte, wie die international am bekanntesten gewordene vertrackte Mazedonien-Frage vor dem Weltkrieg zeigt, überhaupt eine alle Parteien befriedigende Grenzziehung zur Quadratur des Zirkels, einmal abgesehen von dem Großreich-Gedanken, dem die Nationalisten in allen diesen Völkern nachjagten. Die unabhängig gewordenen Völker haben schließlich eine ebenso große (wenn nicht größere) Unfähigkeit zur Lösung ihrer sozialen, wirtschaftlichen und Minoritäten-Probleme bewiesen, wie sie die Türken vor ihnen an den Tag gelegt hatten.

Die europäischen Mächte haben den Unabhängigkeitskampf der Balkanvölker mehr oder minder stark gefördert. 1830 wurde von Rußland, England und Frankreich die Unabhängigkeit Griechenlands besiegelt. Der Pariser Friedensvertrag 1856 hat zwar wegen der divergierenden Auffassungen der Großmächte den Grundstein zur rumänischen Unabhängigkeit nicht gelegt, wie eine verbreitete Anschauung lautet, den Weg dazu aber offengelassen. Die Bevölkerung der beiden Donaufürstentümer Moldau und Walachei nahm ihr Schicksal selbst in die Hand und hat, unterstützt von Rußland und Frankreich, begünstigt durch die Kriege in Mitteleuropa und angefeuert durch die italienische Einigung, die Verschmelzung der beiden Provinzen stufenweise erreicht, bis 1878 auf dem Berliner Kongreß ihre Unabhängigkeit von den Mächten formell anerkannt wurde. Die Serben trotzten den Türken nach ihrer ersten Erhebung im Gefolge der Französischen Revolution ein hohes Maß an Autonomie ab, die durch den Pariser Vertrag bestätigt, d. h. ebenso wie diejenige der Donaufürstentümer unter die Garantie der Großmächte gestellt wurde. Fürst Michael hat in den sechziger Jahren mit Unterstützung der Großmächte, besonders Rußlands und Frankreichs, später aber auch Österreichs, die Türken aus einer Garnison nach der andern herausgedrängt, bis 1867 an türkischen Herrschaftsspuren neben dem dünnen Band der Suzeränität (jährliche Tributzahlung, auswärtige Vertretung durch den Sultan) nur noch die türkische Flagge in Belgrad, die neben der serbischen wehte, übrigblieb. Auf dem Berliner Kongreß wurde von Europa die Unabhängigkeit Serbiens sanktioniert ebenso wie die Unabhängigkeit der Montenegriner, des von den Türken seit je schwer beherrschbaren und mit Rußland in engen dynastischen Beziehungen stehenden Bergvolkes.

Als letztes der großen Balkanvölker haben die Bulgaren einen Nationalstaat geschaffen. Sie haben die Aufmerksamkeit Europas durch die berüchtigten Bulgaren-Massaker vom Frühjahr 1876 auf sich gezogen. Diese Massaker reichen direkt in die Vorgeschichte des Berliner Kongresses. Sie haben die englische Intervention zugunsten der Türkei ebenso unmöglich gemacht, wie die Massaker von Chios 1822 die englische Unterstützung des Sultans verhindert haben.

Das Europa des 20. Jahrhunderts, das die Ausrottung von sechs Millionen Juden und einer etwa ähnlich hohen Zahl russischer Kulaken und politischer Gefangenen und zahllose weitere Grausamkeiten erlebt hat, darf kein moralisches Recht beanspruchen, sich über die Bulgarien-Greuel von 1876 zu entrüsten. Auch das 19. Jahrhundert mit seinem immerhin höher entwickelten Rechtsempfinden darf es eigentlich nicht. Denn es ließe sich die Behandlung der Polen durch die Russen, der Iren durch die Engländer, der Neger und Indianer durch die Nordamerikaner aufrechnen. Die aus dem 19. Jahrhundert stammende Auffassung, daß die Türken ihre christlichen Untertanen systematisch drangsaliert und bisweilen ganze Volksgruppen massakriert hätten, ist eine Klischeevorstellung. Im ottomanischen Reich wurde auch der Moslem, sofern er der breiten sozialen Unterschicht angehörte, unterdrückt, mitunter sogar durch den christlichen Steuereintreiber. Juden wurden eher durch Christen als durch Moslems malträtiert. Das türkische Regiment war zuzeiten geradezu gezwungen, mit eisernem Besen zu kehren, um das Zerfleischen der Völkerschaften und religiösen Gruppen untereinander zu verhindern. Österreich-Ungarn, das auf dem Berliner Kongreß das europäische Mandat über Bosnien erstrebte und zugesprochen bekam, konnte den Bosniaken europäische Kultur und Ordnung auch nur mit dem Schwert bringen. Hätte es das nicht getan, würden sich Christen und Moslems, Bauern und Beys weiterhin gegenseitig gemordet haben.

Den unentschuldbar grausamen Bulgaren-Massakern waren, was damals in der europäischen Öffentlichkeit durch russische Zweckmeldungen und durch die englischen Atrocity Meetings nicht ans Tageslicht kam, ebenso grauenhafte Niedermetzelungen türkischer Siedler durch bulgarische Christen vorausgegangen. Im übrigen mußten die Türken für die 25 000 umgebrachten Bulgaren (das ist etwa die Mitte der verschiedenen Schätzungen) mit 1 1/2 Millionen Toten[21] im anschließenden Krieg gegen Rußland bezahlen, nicht eingerechnet die Hunderttausende von Flüchtlingen, die im Winter 1877/78 vor den Russen nach Konstantinopel flüchteten und dort an Typhus, Pocken und anderen Epidemien umkamen.

Auf dem Berliner Kongreß wurde das in San Stefano geschaffene Großbulgarien, das im Süden ans Ägäische Meer heranreichte, dreigeteilt: der südliche Teil verblieb unter türkischer Herrschaft, das nördlich davon gelegene Ostrumelien erhielt Verwaltungsautonomie, der Rest politische Autonomie.

In bezug auf die historische Rolle, die das Nationalitätenprinzip auf dem Berliner Kongreß gespielt hat, läßt sich im wesentlichen dem Urteil eines Zeitgenossen, des Völkerrechtlers Bluntschli, zustimmen[22]: Auf dem Berliner Kongreß habe „das Prinzip der nationalen Entwicklung neuer Staaten" eine ebenso große Wirkung ausgeübt wie auf dem Wiener Kongreß „das Prinzip der Legitimität der Rechte der alten Dynastien und ihrer Restauration". «Le congrès de Berlin s'est depouillé des scrupules de la légitimité. Il les a sacrifiés partout où l'exigeait le développement de la vie nationale.»

c) Europa und das ottomanische Reich

Das Eingreifen der europäischen Mächte in den Niedergang des ottomanischen Reiches ist der dritte Komplex der orienta-

[21] Nach türkischen Angaben, die nicht nur die im Felde Getöteten betreffen, sondern auch die durch Massaker oder Verwundungen Umgekommenen einrechnen. Vgl. Waterfield, Layard, S. 386.

[22] Zitiert bei Maiwald, Der Berliner Kongreß, S. 14, Anm. 4.

lischen Frage, der auf den beiden Friedenskongressen von 1856 und 1878 und in den zahlreichen diplomatischen Konferenzen zwischen 1815 und 1914 eine entscheidende Rolle spielt.

Der Beginn des territorialen Rückzugs der Türkei aus Europa läßt sich auf das Ende der Belagerung Wiens 1683 und auf den Friedensschluß von Karlowitz 1699 zwischen Österreich und der Türkei datieren. Seitdem drängt Österreich, das jahrhundertelang als Bollwerk des Abendlandes gegen die 'Türkengefahr' gedient hatte, die ottomanische Macht aus Ungarn heraus und donauabwärts. Auf dem Wiener Kongreß stößt es mit dem aus den Illyrischen Provinzen Napoleons genommenen dalmatinischen Küstenstreifen weit nach Süden vor.

Als zweite direkt am türkischen Rückzug interessierte Macht strebt Rußland seit Peter d. Gr. nach Süden, um ans Schwarze Meer zu gelangen, das ebenso wie das Rote Meer jahrhundertelang ein türkisches Binnenmeer war. Durch die Friedensschlüsse von Kütschük Kainardschi 1774, Jassy 1792, Bukarest 1812 und Adrianopel 1829 setzt es sich an drei Seiten des Schwarzen Meeres fest. Dabei wirft es schon sein Auge auf Konstantinopel, das Zar Alexander I. den „Schlüssel zu meinem Haus" nennt — einmal aus einem schwer definierbaren religiösen Motiv heraus: um nach der Befreiung der vom Islam unterworfenen orthodoxen Glaubensbrüder die russische Fahne auf der Hagia Sophia aufzupflanzen — ein Traum, den nach ihm besonders die Panslawisten artikulieren; sodann aus einem an Bedeutung langsam zunehmenden wirtschaftlichen Motiv heraus: um einen ungehinderten Ausgang für das in dem aufstrebenden Odessa umgeschlagene südrussische Getreide zu bekommen. Beide Motive klingen bereits im Friedensschluß von Kütschük Kainardschi von 1774 an, der dadurch einer der folgenreichsten Friedensschlüsse der Neuzeit geworden ist. Aus dem Versprechen der Pforte, „die christliche Religion und deren Kirchen stets zu schützen", leitet Rußland späterhin den Anspruch auf Protektion der orthodoxen Christen und damit auf Einmischung in die inneren Angelegenheiten des ottomanischen Reiches ab. Er führt direkt zur Menšikov-Mission von 1853, die dem Ausbruch des Krimkrieges unmittelbar vorausging. Unter den wirtschaftlichen Bestimmungen des Friedens von Kütschük Kainardschi ist nicht nur das Recht Rußlands auf freie Handelsschiffahrt im Schwarzen Meer und auf der Donau zukunftsweisend, sondern auch der Anspruch auf Errichtung von Konsulaten im ottomanischen Reich. Die Konsuln, deren Rolle bei der Durchdringung der Türkei mit russischem Einfluß kaum untersucht ist, bilden die fünfte Kolonne Rußlands in dem niedergehenden Reich der Sultane.

Die Französische Revolution und die Napoleonischen Kriege haben einerseits verhindert, daß die Türkei schon damals zum Spielball der europäischen Mächte wurde, anderseits boten sie den Schirm, hinter dem Rußland die Kette seiner Kriege gegen die Türkei fortsetzen konnte. Nach dem Wiener Kongreß, in den Jahren der griechischen Unabhängigkeitsbewegung, wurde der Rückzug der Türkei aus Europa zu einer gesamteuropäischen Angelegenheit; er wurde zur orientalischen Frage — die Bezeichnung scheint in dieser Zeit aufgekommen zu sein und blieb danach bis zum Ersten Weltkrieg der in den europäischen Kanzleien am häufigsten gebrauchte politische Begriff. England war es, das den türkischen Rückzug aus einer russisch-österreichischen zu einer internationalen Angelegenheit machte. Als Verfechter der europäischen Gleichgewichtsidee übernahm es die Rolle des Hüters auch des orientalischen Gleichgewichts, das sich als neue Komponente im europäischen Balancezustand herausbildete.

Wie sahen die Interessen der europäischen Großmächte im 19. Jahrhundert an der orientalischen Frage aus, und wie wirkten sie auf das Europäische Konzert, vor allem beim Pariser und Berliner Kongreß, ein?

Eine Ideengeschichte der russischen Orientpolitik ist noch nicht geschrieben. Das Interesse Rußlands am Niedergang der Türkei demonstriert in klassischer Weise die Theorie, daß eine dynamische Macht das Bestreben hat, ein Machtvakuum an seinen Grenzen auszufüllen bzw. ein Machtungleichgewicht zu seinen Gunsten auszubalancieren. Unter den relativ unkomplizierten europäischen Machtverhältnissen des 18. Jahrhunderts konnte Rußland noch der scheinbar einfachen schematischen Lösung zuneigen, die der Türkei entrissenen Positionen zusammen mit Österreich einzunehmen (Teilungsprojekte zwischen Katharina II. und Joseph II.). Alexander I. hat die Spannung zwischen dem Legitimitätsdenken einerseits, das auch auf den nichtchristlichen Sultan in dessen Verhältnis zu den rebellierenden Balkanvölkerschaften Bezug hatte, und anderseits dem Interventionsdrang zugunsten der leidenden Glaubensbrüder sowie dem Bedürfnis nach Machtexpansion als Gewissenskonflikt empfunden.

Sein Nachfolger Nikolaus I. hat solche Skrupel gegenüber der Türkei aus dem Bewußtsein verdrängt. Er griff auf die Teilungspläne des 18. Jahrhunderts zurück. Mit Österreich (1843 Gespräche mit Ficquelmont in Warschau) und mit England (1844 Unterredung mit Aberdeen: Nesselrode-Memorandum, daran anknüpfend die Seymour-Gespräche vom Januar 1853) suchte er zu einer entsprechenden Verständigung zu gelangen. Österreich betrachtete er als den Juniorpartner in dem Geschäft, da dessen Machtbetätigung seit dem Wiener Kongreß nach Mitteleuropa, nach Deutschland und Italien, abgeleitet war. Er behandelte Österreich und mehr noch Preußen als seine Mündel. An den mitteleuropäischen Höfen hieß er der 'Agamemnon von Europa'. Nach seiner Intervention in der ungarischen Revolution von 1849 wähnte er Österreich so fest in seiner Dankesschuld, daß er angesichts der eigenständigen österreichischen Politik im Krimkrieg das Bildnis Franz Josephs von seinem Schreibtisch entfernte. Preußen ließ er das Vasallenverhältnis, das Bismarck in seinen Erinnerungen mit beredten Worten beschrieben hat, am deutlichsten in Olmütz spüren. In Mitteleuropa hatte die damals schon gewichene 'Türkenfurcht' einer heute längst vergessenen 'Russenfurcht'[23] Platz gemacht.

[23] Dazu vgl. Stadtmüller, Die russische Weltmacht (für die Zeit bis nach dem Krimkrieg); neuerdings F. T. Epstein, Der Komplex „Die russische Gefahr" (für die Zeit zwischen Krimkrieg und Erstem Weltkrieg). Epstein betont zu Recht (ebenda S. 147), daß die Geschichte der deutschen Russophobie noch nicht geschrieben ist. Neueste Darstellung der russischen Balkanpolitik zwischen dem Bukarester Frieden von

Nikolaus hatte sich in der orientalischen Frage zunächst zum Fürsprecher der griechischen Unabhängigkeit gemacht, weil er das befreite Griechenland zu einem Vorposten der russischen Macht gegenüber den der Türkei verbliebenen Balkan-Gebieten, vor allem aber zum Sprungbrett für die noch auszubauende russische Position im Mittelmeer herausbilden wollte. Die Enttäuschung über den unlenksamen Vasallen hielt Nikolaus und seine Nachfolger indes nicht davon ab, den 'Befreiungs'feldzug auf dem Balkan fortzusetzen. Stets aufs neue mußten sie die bittere Erfahrung machen, daß die befreiten Völker wenig Lust zeigten, die Rolle des Sultans mit der des Zaren einzutauschen: die Förderung der Vereinigung und des Unabhängigkeitsstrebens der Donaufürstentümer nach dem Pariser Kongreß führte im nächsten russisch-türkischen Krieg zu einer unheiligen Militärallianz, die Rumänien 1883 zum Bündnis mit Österreich und Deutschland trieb; die Serben, für die sich Rußland 1856 in Paris einsetzte und die es 1876 in ihrem Krieg gegen die Türkei mit Freiwilligen und Geld unterstützte, warfen sich nach dem Berliner Kongreß Österreich in die Arme, da sie in San Stefano sich von den Russen in ihren Territorialforderungen geprellt fühlten; die Bulgaren handelten nach 1878 gemäß der Devise «Bulgaria farà da sè», um die unwillkommenen russischen Schutztruppen und Militärinstrukteure möglichst rasch abzuschütteln.

Gegenüber der Pforte allerdings war Rußland zunächst erfolgreicher. Der Vertrag von Unkiar-Skelessi 1833, um den der Sultan angesichts der Heere seines ägyptischen Vasallen Mehmed Ali nachgesucht hatte, brachte Rußland auf einen Höhepunkt seines Einflusses im Orient. Der Sultan unterstellte sich der Protektion des Zaren und verschloß die Meerengen allen fremden Schiffen. Bis hierher reicht die unmittelbare Vorgeschichte des Krimkrieges.[24] Denn England hielt zum erstenmal das neu-

1812 und dem Frieden von Adrianopel 1829 von Dostjan, Rossija i balkanskij vopros.

[24] Vgl. die Forschungsberichte von Hösch, Neuere Literatur über den

geschaffene orientalische Gleichgewicht zugunsten Rußlands für umgestoßen. Englischem Druck vor allem war es zuzuschreiben, daß es im Londoner Vertrag von 1841, der die Meerengenfrage europäisierte, wiederhergestellt wurde. Als Nikolaus 1853 die Donaufürstentümer zur Pfandnahme gegenüber der Türkei (also nicht zur Entfesselung eines europäischen Krieges) besetzte, fand England abermals das orientalische Gleichgewicht zerstört und versuchte, das Europäische Konzert gegen Rußland auf den Plan zu rufen. Mit dem Pariser Friedenskongreß ging das „Zeitalter der russischen Weltmachtstellung" (Georg Stadtmüller) zu Ende. Rußland gab seine vierzigjährige Schirmherrnrolle in Mitteleuropa auf. Der dadurch entstandene machtverdünnte Raum wurde durch die Machtkonzentration des geeinten Deutschland, daneben auch Italiens, wieder ausgefüllt.

Der in seinem Selbstbewußtsein schwer angeschlagene 'Koloß auf tönernen Füßen' suchte seine Kraft durch eine Politik des « recueillement » im Innern und der « abstention » nach außen wiederzufinden. Der verlorene Krieg gab ähnlich wie in der Türkei den Anstoß zu einem großen Reformwerk: vor allem zur Bauernbefreiung, die ein modernes militärisches Kräftereservoir erschließen sollte (Alfred J. Rieber), und zur Heeresreform Miljutins. Der einzige aufsehenerregende außenpolitische Akt Rußlands auf der europäischen Bühne war die einseitige Kündigung der Schwarzmeerklausel des Pariser Friedens im Windschatten des Deutsch-Französischen Krieges. Er zeigt, wie wenig Bestand eine den Besiegten demütigende Friedensbestimmung hat. Daneben ist diese offene Verletzung des Prinzips „pacta sunt servanda" ein Indiz für das gewandelte Moralempfinden in der internationalen Politik. Als Bismarck im Oktober 1876 die „Doktorfrage von Livadia" mit der Forderung einer russischen Garantie für Elsaß-Lothringen beantwortete, hielt ihm

Krimkrieg, und Baumgart, Probleme der Krimkriegsforschung (besonders S. 82—89). Das russische Standardwerk über den Krimkrieg ist Tarle, Krymskaja vojna.

Gorčakov entgegen[25]: „Dies würde Ihnen wenig nützen, in unserer Zeit haben Traktate einen sehr geringen Wert." Bismarck drückte seine Übereinstimmung damit durch ein „sic" am Rande des betroffenen Aktenstücks aus.

In seiner Orientpolitik nach dem Krimkrieg hatte Rußland die Methode des « démembrement » des ottomanischen Reiches endgültig zugunsten einer Politik der « décomposition » aufgegeben. Das geht aus den von Robert W. SETON-WATSON und Sergej M. GORIAINOV veröffentlichten russischen Quellen deutlich hervor. Für die nach Unabhängigkeit strebenden Balkanvölker sollte eine möglichst weitgehende Autonomie erwirkt werden, die das Tor zu einer « pénétration pacifique » seitens Rußlands offenhielt. Diesem Prinzip entsprach der Friede von San Stefano, der in seinem Diktatcharakter den Friedensschlüssen von Brest-Litovsk 1918 und Versailles 1919 vergleichbar ist. Sein Hauptmerkmal ist die Schaffung eines großbulgarischen Staates. Er stellt den Höhepunkt der panslawistischen Bewegung dar, die nach dem Krimkrieg neben dem allmählich verblassenden religiösen Motiv, dem weiterhin starken strategischen und dem wirtschaftlichen Motiv als neue Komponente der russischen Orientpolitik sich herausgebildet hatte: Die Befreiung der Balkanvölker vom türkischen Joch wurde nun auch aus einem gemeinsamen Rassenbewußtsein erstrebt. Der für das 19. Jahrhundert nach den napoleonischen Friedensschlüssen unerhörte Gewaltcharakter dieses Friedens läßt sich auf ein einfaches taktisch-diplomatisches Grundmuster zurückführen, das aus dem Tagebuch eines Angehörigen des russischen Hauptquartiers auf dem Balkan, M. A. Hasenkampf, hervorscheint: Die Politik

[25] Botschafter von Schweinitz an Staatssekretär von Bülow, Jalta, 1. 11. 1876 (Die Große Politik II, S. 81). Vgl. auch folgende Stelle in einem Privatbrief Jominis, Mitarbeiter Gorčakovs, an den rumänischen Außenminister Kogălniceanu v. 29. 1. 1878: « Ne vous laissez pas non plus illusionner par le *humbug* de la neutralité. Celle de la Belgique, qu'on vous prêche comme modèle, ne repose pas du tout sur les traités, car de nos jours ce sont hélas! des chiffons de papiers.» (Zitiert bei Sumner, Russia and the Balkans, S. 463, Anm. 1.)

Ignat'evs — des russischen Botschafters in Konstantinopel — sei von dem Grundsatz ausgegangen « qu'il convenait de majorer le prix pour pouvoir ensuite le rabattre » [26].

Der völkerrechtliche Hebel für die Intervention des Europäischen Konzerts in der russisch-türkischen Auseinandersetzung war die endgültig 1856 verbriefte Internationalisierung der orientalischen Frage. Danach bedurften einseitig vorgenommene einschneidende Veränderungen des Status der Türkei gesamteuropäischer Sanktion. Auf dem Berliner Kongreß hat Rußland, wie man in Petersburg eigentlich von vornherein annahm, den 'Preis herabsetzen' müssen. San Stefano wurde reduziert, aber nicht annulliert. Für die russische Gereiztheit nach dem Kongreß,[27] die sich zunächst gegen England und Österreich, dann gegen Deutschland richtete, lag also keine sachliche Berechtigung vor, wohl aber eine psychologisch verständliche Motivation.

Einen erneuten Höhepunkt seines Einflusses auf dem Balkan, den dritten nach Unkiar-Skelessi und San Stefano, hat Rußland erst nach dem Zweiten Weltkrieg wieder erlebt. Das Ziel Konstantinopel und die Meerengen blieb indes, obwohl es Rußland im Ersten Weltkrieg von den Alliierten zugestanden wurde, unerreicht.

Für die österreichische Orientpolitik bedürfte es, da es seit der nunmehr 90 Jahre alten Arbeit von Adolf Beer zu keiner weiteren Gesamtdarstellung gekommen ist, einer umfassenden Neuinterpretation.

Die österreichische Türkenpolitik unter Metternich hatte sich gegenüber den Tagen des Prinzen Eugen grundlegend gewandelt. Österreich machte sich nach dem Wiener Kongreß zum Anwalt der Türkei. Aus Legitimitätsdenken, aber mehr noch aus Selbst-

[26] Zitiert bei Goriainov, La question d'Orient, S. 33. — Für die russische Balkanpolitik der siebziger Jahre ist das Standardwerk Sumner, Russia and the Balkans. Es ist ein Muster diplomatischer Geschichtsschreibung. Ebenda S. 675—698 die ältere Literatur, auch für den Berliner Kongreß.

[27] Dazu neuerdings Hammer, La Russie après le Congrès de Berlin.

erhaltungstrieb hat Metternich sich geweigert, den griechischen Unabhängigkeitskampf zu unterstützen. Er handelte nach dem Grundsatz, daß die Erhaltung der schwachen Türkei Österreich so viel Sicherheit gewähre wie ein Meer. Die Präponderanz Rußlands wäre bei einer Umverteilung der Macht auf dem Balkan gestiegen, die Stellung Österreichs dagegen gesunken. Österreich bedurfte der machtverdünnten Pufferzone ebenso, wie England sich auf die Erhaltung Belgiens angewiesen fühlte.

Durch Schwarzenberg wurde dieser schlüssige Grundsatz, da Österreich aus den revolutionären Erschütterungen von 1848/49 gefestigt hervorzugehen schien, zugunsten einer aktiven Balkanpolitik aufgegeben. Doch das war nur ein kurzes Zwischenspiel. Nach Auffassung des amerikanischen Historikers Paul W. Schroeder und des Verfassers dieser Ausführungen ist im Krimkrieg die These Metternichs: „Auf keinem Feld wachsen im Orient für unser Reich genießbare Früchte“ durch Buol wieder zur Geltung gekommen.[28] Das widerspricht der gängigen, von Heinrich Friedjung und Heinrich Ritter von Srbik ausgehenden Anschauung, daß Buol auf dem Balkan eine expansive Politik und gegenüber den Kriegführenden eine verhängnisvolle Schaukelpolitik betrieben habe. Die bewaffnete Neutralität Österreichs im Krimkrieg, die eine allmähliche Herauslösung aus russischer Vormundschaft und eine behutsame Hinneigung zum Westen inbegriff, aber nicht auf ein militärisches Festsetzen auf dem Balkan zielte, erscheint indes als die einzig realistische Politik. Jede Option für die eine oder andere Seite, also der Kriegseintritt, hätte angesichts der geringen Solidität des österreichischen Reichsbaues zur Katastrophe führen können, ja führen müssen. Es gibt keine bessere Charakteristik des auf einen schmalen Grat eingeengten Spielraumes der österreichischen Position im Krim-

[28] Vgl. Schroeder, Austria, S. 394—97; Baumgart, Der Friede von Paris, S. 65—70 (Beleg des Zitats ebenda S. 69, Anm. 169). Eine etwas andere Position in dieser Frage nimmt die neue Studie von Unckel, Österreich und der Krimkrieg, ein. Zum Forschungsstand vgl. Baumgart, Probleme der Krimkriegsforschung, S. 243—48.

krieg als die Worte eines Zeitgenossen, Leopold von Gerlachs[29]: „Die österreichische Politik ist eine Politik der Furcht, basirt auf die schwierige innere und äußere Lage in Italien, Ungarn, in den Finanzen, in dem zerstörten Recht, in der Furcht vor Bonaparte, in der Angst vor russischer Rache, auch in der Furcht vor Preußen [...]. Meyendorf[f] sagt: ‚Mein Schwager Buol ist ein politischer Hundsfott; er fürchtet jeden Krieg, aber allerdings mehr einen Krieg mit Frankreich als mit Rußland.'"

Neben der genauen Analyse der innenpolitischen Lage der Donaumonarchie während des Krimkriegs bedarf es noch der quellenmäßigen Untersuchung des österreichischen Verhältnisses zu Preußen und zum Deutschen Bund, um die These endgültig zu bestätigen oder zu widerlegen, Österreich habe, vor allem durch seine Besetzung der Donaufürstentümer während des Kriegs, „das Werk des Prinzen Eugen vollenden und [...] an dem Untergang des osmanischen Reiches in Europa mitarbeiten und mitverdienen"[30] wollen. Die Anschauung, Österreich habe durch sein militärisches Dazwischenschieben in den Donaufürstentümern lediglich die streitenden Parteien auseinanderbringen, den Krieg auf der Krim lokalisieren und dadurch einen Weltkrieg verhindern wollen, scheint zwar nicht den ostensiblen Tatsachen zu entsprechen, aber größere Quellennähe beanspruchen zu können.

Dagegen dürfte unbestritten bleiben, daß die Orientpolitik Andrássys vor und auf dem Berliner Kongreß in die Traditionen Eugens zurücklenkte.[31] Es ist Österreichs Verhängnis geworden,

[29] Brief an Bismarck, Sanssouci, 15.11.1854 (Bismarck, Gesammelte Werke XV, S. 77).

[30] Hantsch, Die Geschichte Österreichs II, S. 353—54.

[31] Vgl. die materialreiche, teilweise unkritische ältere Biographie von Wertheimer, Andrássy. Über Österreich-Ungarn auf dem Berliner Kongreß vgl. den gediegenen Essay von Novotny, Quellen und Studien (Einleitung zu Akten aus dem Wiener Archiv, die nur in Regestenform abgedruckt und daher von problematischer Brauchbarkeit sind). Eine detaillierte, auf den österreichischen und englischen Akten beruhende, im ganzen etwas zu eng diplomatiegeschichtliche Monographie über die

daß es unter Andrássy die Maximen Metternichscher Balkanpolitik verlassen, vor allem daß es am Untergang der Türkei mitverdient hat, ohne mitgearbeitet zu haben. Bereits im Jahre des Friedensschlusses von Kütschük Kainardschi hatte Österreich, ohne einen Schwertstreich gegen die Türkei getan zu haben, sich die Bukowina einverleibt. Auf dem Pariser Friedenskongreß bedang es sich die Retrozession eines Teiles von Bessarabien an die Türkei aus, um die Freiheit der Donauschiffahrt, die Rußland vor dem Krimkrieg zuungunsten des österreichischen Handels behindert hatte, möglichst wirksam zu schützen. Eine solche Forderung eines Nichtkriegführenden an einen Kriegführenden war ein Fehler, der schwerwiegende psychologische, also nichtkalkulierbare, politische Folgen haben mußte. Für Zar Alexander II., wie für jeden Dynasten des 19. Jahrhunderts, nicht zuletzt für Kaiser Franz Joseph selbst, war die Aufgabe eines Territoriums eine ehrenrührige Sache. Im Falle Bessarabien war sie sogar mehr: eine persönliche Beleidigung, die Geschichte gemacht hat. Österreichs Niederlage 1859, zu der Rußland durch seine bewaffnete Neutralität entscheidend beigetragen hat, empfand der Zar dementsprechend als innere Genugtuung, wie seine jüngst veröffentlichten Briefe an Fürst Barjatinskij zeigen.[32] Bis in die Tage des Berliner Kongresses hat es Österreich diesen Dolchstoß Buols nachgetragen und die Rücknahme Bessarabiens als Point d'honneur angesehen, ohne die ein Auslöschen « [de] ce souvenir incompatible avec les relations qui nous unissent »[33] unmöglich sei. Und nun, auf dem Berliner Kongreß, forderte

Ausführung der Bestimmungen des Berliner Kongresses ist Medlicott, The Congress of Berlin. Die 2. Aufl. unterscheidet sich von der 1. durch eine den Forschungsstand von 1962 skizzierende Einleitung. Über Andrássy vgl. den neuesten Überblick von Bridge, From Sadowa to Sarajevo, S. 60—102.

[32] Nachweise bei Baumgart, Der Friede von Paris, S. 254. Vgl. auch Baumgart, Der Krimkrieg in der militärgeschichtlichen Literatur, S. 192.

[33] Aus einem Brief Alexanders an Franz Joseph, 16. 1. 1878, zitiert bei Sumner, Russia and the Balkans, S. 431. Vgl. auch ›Die Große Politik‹ II, S. 193 (Nr. 320).

Österreich abermals türkische Provinzen, Bosnien und die Herzegowina, für die kein österreichischer Soldat gefallen war, für die aber russische Soldaten vor Plevna geblutet hatten. Erst wenn dieser Ehrenpunkt in seiner langen Entstehungsgeschichte beachtet wird, läßt sich die Festigung des russischen Kriegswillens nach der Bosnienkrise von 1908 voll würdigen.

Andrássy, der noch 1874 den Pariser Friedensvertrag von 1856 als die „Charta der orientalischen Frage"[34] auffaßte, hat gewiß mindestens ein halbes Dutzend mehr oder minder gewichtiger Gründe für die Einverleibung Bosniens vorgebracht. Die Militärs dachten damals tatsächlich in Kategorien Eugenscher Balkanpolitik, und Andrássy selbst war nicht ganz frei von solcher Denkart, denn er rechtfertigte seine Politik vor der österreichischen Delegation im November 1878 als „gut österreichisch und gut ungarische Tradition. Es ist die Tradition eines Eugen von Savoyen, die Tradition der Hunyadys in Ungarn"[35]. Die Militärs wiesen auf die strategische Lage des schmalen dalmatinischen Küstenstreifens hin, dem das natürliche Hinterland fehle. Franz Joseph sah nach den Kriegen gegen Sardinien und Preußen Bosnien als eine gewisse Kompensation für die seinerzeit verlorenen Provinzen an. Andrássy mußte von dieser Schwerpunktverlagerung des österreichischen Interesses nach Südosten ausgehen. Er sprach davon, daß es Österreichs Mission sei, als Bollwerk gegen Rußland zu dienen, und glaubte daher, daß es gestärkt werden müsse. Dem russischen Botschafter offenbarte er als sein Glaubensbekenntnis, daß die beste Lösung der orientalischen Frage sei « que les Turcs fussent mis hors de l'Europe »[36]. Die Vorsorge dafür traf er durch das Geheimabkommen von Reichstadt mit Rußland 1876. Andrássy hatte auch genug Ver-

[34] Brief an Apponyi, Budapest, 11. 12. 1874 (Haus-, Hof- u. Staatsarchiv, PA XII 108, Varia 1874 I, f. 809 verso).

[35] Zitiert bei Wertheimer, Andrássy III, S. 189.

[36] Novikov in einem Brief an Alexander II., Wien, 2. 7. 1876 (Goriainov, La question d'Orient, S. 83). Der im folgenden erwähnte « cauchemar serbe » ebenda S. 127.

anlassung, auf den « cauchemar serbe » hinzuweisen, unter dem er stand; denn Fürst Michael hatte unter dem Einfluß der italienischen Einigung den Ehrgeiz entwickelt, aus Serbien ein balkanisches Sardinien zu machen. Bosnien mußte demnach das erste Ziel dieses Panserbismus, die Südslawen Österreichs würden dessen nächstes Ziel sein. Ein Großserbien würde womöglich den Handelsweg nach Südosten gen Saloniki, der damals gerade durch die Orientbahn erschlossen werden sollte, versperren. Deshalb war Österreich alarmiert, als durch San Stefano der Großteil des Sandschak von Novi Pazar zwischen Serbien und Montenegro aufgeteilt wurde. Andrássy hat mit dem Blick auf derlei großserbische Aspirationen den europäischen Kanzleien gegenüber die Einverleibung Bosniens nicht ganz glücklich als „einen Akt der Notwehr gegen drohende Gefahren" bezeichnet[37] (Notwehr gibt es nur in akuter Gefahr), damit aber im wesentlichen seine Auffassung aufrichtig zu begründen gesucht.

Aber war denn die Annexion — oder Okkupation, wie sie Österreich auf dem Berliner Kongreß zunächst erwirkte — eigentlich „von zwei Übeln das kleinere", wie Andrássy damals behauptete? Manche Zeitgenossen haben es anders gesehen. Auf außenpolitischer Ebene konnte argumentiert werden, daß San Stefano den Casus foederis, nämlich den in Reichstadt und Budapest vorgesehenen Zerfall des ottomanischen Reiches bzw. russische Annexionen auf Kosten der Türkei, gar nicht bedeutete. In wirtschaftlicher und finanzieller Hinsicht mußte der Erwerb Bosniens zu einer Last werden, denn aus dem armen, rückständigen Land konnte außer Pflaumen und Schafen nicht viel Gewinn gezogen werden. Die Entwicklung der Wirtschaft hätte jahrelange Investitionen erfordert. Würde der „bosnische Knochen"[38] je Fleisch ansetzen? Als Andrássy mit ihm in der Tasche aus Berlin zurückkehrte, wurde er von der öffentlichen Meinung,

[37] Aufzeichnung Andrássys vom 21. 4. 1878 (Die Große Politik II, S. 289). Das folgende Zitat ebenda S. 285.

[38] So Andrássy im Ministerrat am 24. 8. 1878 (vgl. Wertheimer, Andrássy III, S. 157). Das folgende Zitat ebenda S. 141.

wie er selbst sagte, mit einer „Gattung Katzenmusik“ empfangen. Die Forschung hat eindeutig erbracht, daß der heimgebrachte ‘Gewinn’ von vornherein unpopulär war, besonders in Ungarn. Andrássy stürzte schließlich über der unerwartet hohe Kosten und viel Blut verschlingenden Okkupation. Als am 28. Juli 1878, einem ominösen Datum, der Befehl zum Einmarsch in Bosnien erteilt wurde, waren in Sarajevo, einem ominösen Ort, bereits Unruhen gegen Österreich ausgebrochen. Sarajevo wurde zur Achillesferse der Habsburgermonarchie. Drei Jahre nach der Besetzung schrieb der französische Botschafter in Berlin, Saint-Vallier, an Gambetta, durch die Okkupation sei der Zusammenstoß Österreichs und Rußlands auf dem Balkan unvermeidlich.[39] Saint-Vallier war nicht der einzige, der schon damals dieser Überzeugung war.

Im Gegensatz zu Andrássy wurde Disraeli, als er vom Berliner Kongreß in seine Heimat zurückkehrte, mit Begeisterung empfangen, da er “a peace with honour” mitbrachte — es war, wie auch hier ein kritischer Zeitgenosse bemerkte, “the Peace that passeth all understanding and the Honour that is common among thieves“ [40] —, denn Disraeli brachte Zypern mit, das sich zwar nicht wie Bosnien als tödlich vergiftender Knochen erwies, aber doch bald wertlos wurde, da es nach der Besetzung Ägyptens 1882 seine strategische Bedeutung verlor.

Im 18. Jahrhundert war England über das Vordringen Rußlands ans Schwarze Meer noch nicht besorgt. Sein Weltrivale war Frankreich. Mit Rußland stand es in regem Handelsaustausch. Diese Konstellation änderte sich im 19. Jahrhundert, genauer gesagt, seit dem griechischen Unabhängigkeitskrieg. Die russisch-englischen Wirtschaftsbeziehungen verloren an Bedeutung, dafür nahm der englische Levantehandel sprunghaft zu. In einem Zeitalter wachsenden Protektionismus in Europa blieb der türkische Markt auf Grund alter Kapitulationsverträge dem kräftig expandierenden Warenstrom aus England geöffnet. Die

[39] Documents diplomatiques français IV, S. 197.

[40] Waterfield, Layard, S. 421.

von Frank E. BAILEY und Vernon J. PURYEAR aus den Board-of-Trade-Akten veröffentlichten Zahlen sprechen eine deutliche Sprache: zwischen dem englisch-türkischen Handelsvertrag von Balta-Liman 1838 und dem Pariser Frieden von 1856 verzehnfachte sich die Tonnage der englischen Handelsschiffe im Hafen von Konstantinopel; vor Ausbruch des Krimkrieges war die Türkei schon ein wichtigerer Handelspartner als Italien, Frankreich, Rußland oder Österreich.

Aber die Annahme wäre falsch, daß die englische Orientpolitik im 19. Jahrhundert allein oder vornehmlich durch den ökonomischen Faktor bestimmt worden sei. Er durchdrang sich vielmehr unauflöslich mit dem politisch-strategischen Faktor der Sicherung der imperialen Verbindungslinien nach Indien. Der mit der industriellen Revolution zunehmende Handel mit dem Fernen Osten, die Revolutionierung in der Verkehrstechnik und die sich wandelnde Struktur der Importe aus Asien (statt Gewürze, Seide und Farbstoffe industrielle Massenrohstoffe wie Jute und Baumwolle) bedingten eine Verlagerung von der Kap-Route zu den alten Handelswegen im Nahen Osten: im Schwarzen Meer und in Armenien, in Syrien und durch die Landenge von Suez. England hatte daher ein lebenswichtiges Interesse an der Erhaltung der Türkei, d. h. gleichzeitig an der Zurückdämmung der russischen Expansionsbestrebungen in Richtung Konstantinopel. Schließlich war England mit seinem Indischen Empire auch eine islamische Macht, die Rücksicht auf die Stellung des Sultans als des geistlichen Oberhauptes der Moslems zu nehmen hatte. Daher würde, wie der englische Botschafter Layard kurz vor dem Berliner Kongreß einmal sagte, der Untergang des türkischen Reiches „die Saat für den Untergang des britischen Reiches säen“ [41].

Dieses Engagement Englands in der orientalischen Frage bedeutete in der Zeit „zwischen Missolunghi und Gallipoli“ [42] ein

[41] Waterfield, Layard, S. 381.

[42] Untertitel des Buches von Clayton, Britain and the Eastern Question. Das Buch ist mit reichhaltiger Bibliographie versehen und spiegelt den derzeitigen Stand der Forschung wider.

Jahrhundert englisch-russischer Feindschaft, das nur durch kurze Perioden der Zusammenarbeit unterbrochen wurde. Das in Unkiar-Skelessi begründete Protektoratsverhältnis zwischen der Türkei und Rußland veranlaßte Palmerston am 11. Juli 1833 im Unterhaus zu dem programmatischen Ausspruch[43]: "The integrity and independence of the Ottoman Empire are necessary to the maintenance of the tranquillity, the liberty and the balance of power in the rest of Europe." Von hier spannt sich der Bogen zu dem 1877 gefallenen Diktum Königin Victorias über die Haltung Englands in der russisch-türkischen Auseinandersetzung: "It is not a question of upholding Turkey; it is a question of Russian or British supremacy in the world."

Diese Äußerungen enthüllen die tieferen Gründe für das Eingreifen Englands in den Krimkrieg, für das Bestreben Palmerstons, durch den Frieden von Paris eine „Zirkumvallationslinie"[44] um Rußland herumzulegen, und für Disraelis Versuch, das durch San Stefano zerstörte Gleichgewicht durch die Berliner Kongreßbestimmungen wieder auszubalancieren. Für den Ausbruch des Krimkrieges kommen bei Betrachtung des englisch-russischen Gegensatzes als unmittelbar wirkende Gründe und Anlässe eine Anzahl von "bluffs and blunders" hinzu[45] Mißverständnisse über die Missionen Menšikovs und Stratford

[43] Zitiert bei Southgate, The Most English Minister, S. 65. Das folgende Zitat nachgewiesen bei Langer, European Alliances, S. 122, Anm. 1. Die Kapitel III—V (S. 59—170) des Buches von Langer dürfen noch heute als meisterhafte Darstellung der Orientkrise von 1875—78 gelten.

[44] Der Ausdruck ist nachgewiesen bei Mosse, Crimean System, S. 1. Wie Victoria 1877 über die englische Politik sprach, so hatte schon Palmerston über die englische Politik während des Krimkriegs geurteilt: "We went to war not so much to keep the Sultan and his Mussulmans in Turkey as to keep the Russians out of Turkey." (Ebenda.)

[45] Das ältere Standardwerk ist Temperley, England and the Near East. Es ist der erste Band einer geplanten Trilogie über die englische Orientpolitik. Zahlreiche neue Aspekte bietet das aus den englischen und österreichischen Akten gearbeitete Buch von Schroeder, Austria.

Cannings nach Konstantinopel; die fehlende Einsicht in die Eigenarten der englischen Verfassungsstruktur auf seiten des Zaren; die Spaltung im englischen Kabinett zwischen Pazifisten (Aberdeen, Gladstone) und Kriegstreibern (Palmerston, Russell[46]), die dem Zaren ein falsches Bild des wahren Kräfteverhältnisses vermittelte; und vor allem die Rolle der öffentlichen Meinung in England.

Der für die Vorgeschichte des Pariser Kongresses besonders aufschlußreiche, gut erforschte (von John H. Gleason und Kingsley Martin) Faktor der öffentlichen Meinung in England läßt sich bis in den Anfang der dreißiger Jahre zurückverfolgen. Die damals entstandene Russophobie hatte sich nicht nur am Verhalten Rußlands in der seinerzeitigen Orientkrise, sondern auch an der Niederschlagung des polnischen Aufstands genährt. Als 1848/49 Hunderte von Polen und Tausende von Ungarn in die Türkei flüchteten, erschien der Zar (und der österreichische Kaiser) als Tyrann und als Henker der Freiheit, der Sultan dagegen, der die (christlichen!) Flüchtlinge aufnahm und ihre Auslieferung verweigerte, als ihr Verteidiger. Das russische 'Massaker von Sinope' (die Vernichtung der türkischen Schwarzmeerflotte im November 1853) machte wegen der stürmischen Reaktion in England den englisch-russischen Krieg nahezu unvermeidbar.

Die Situation 1876/77 war genau umgekehrt. Hier verhinderte die Stimme der "idle population of editors"[47] die Intervention Englands zugunsten des Sultans. Gladstones Pamphlet ›Bulgarian Horrors and the Question of the East‹, eine der berühmtesten Flugschriften der Geschichte, hat jedoch, entgegen früheren Anschauungen, diese türkenfeindliche Stimmung nicht erst erzeugt,

[46] Vgl. die neue Biographie von Prest, Russell. Für die Zeit des Krimkriegs vgl. ebenda S. 353—378. Über die Aberdeen-Koalition und zur Palmerston-Forschung vgl. Baumgart, Probleme der Krimkriegsforschung, S. 70—75.

[47] Thomas Carlyle bei Ausbruch des Krimkriegs (zitiert bei Martin, Palmerston, S. 195).

sondern sie ist von ihr inspiriert worden; nach den Worten Richard T. SHANNONS war es "far less a case of Gladstone exciting popular passion than of popular passion exciting Gladstone"[48]. Der Führer der Liberalen strebte auch gar nicht eine grundlegende Änderung der englischen Orientpolitik an, sondern gedachte die Ereignisse im Orient innenpolitisch gegen die Konservativen auszumünzen.

Das militärische Nichteingreifen Englands in die Orientkrise von 1875/78 lag aber vor allem an der nach 1856 eingetretenen Verlagerung des englischen Interessenschwerpunktes von Konstantinopel nach Armenien und nach Ägypten. In Armenien sollte das für Indien bedrohlich erscheinende Vorschieben Rußlands in Richtung Persien kontrolliert werden; Ägypten errang neue Bedeutung, nachdem der Suez-Kanal gebaut war. Disraelis Kauf von sieben Sechzehntel der Suez-Kanal-Aktien 1875 war jedoch nicht, wie Zeitgenossen und spätere Historiker annahmen, die erste Etappe eines langgehegten Planes, der die Absicht verfolgte, Ägypten zu besetzen; der Zweck war vielmehr, wie sein letzter Biograph, Robert BLAKE, nachgewiesen hat, eine französische Okkupation zu verhindern. Disraeli glaubte aber immer noch, anders als Salisbury, daß Konstantinopel weiterhin der "key to India" sei, nicht Kairo.[49] Seine Politik in der Orientkrise war pragmatisch und keineswegs, wie der gladstonefreundliche Historiker Robert W. SETON-WATSON behauptet hat, von vornherein auf einen Krieg gegen Rußland gerichtet. Sein Hauptziel war, den Dreikaiserbund zu zerschlagen und dadurch Rußland zu isolieren. Mit dem Krieg konnte er Rußland erst drohen, nachdem sein pazifistischer Außenminister Derby, der an Landesverrat grenzende Beziehungen mit dem russischen Botschafter Šuvalov unterhalten hatte, aus dem Amt gegangen war. Durch den Kongreß hat Disraeli dann nicht nur die europäische Türkei gerettet, Zypern als Englands Pound of flesh und als Gegengewicht gegen das russische Vordringen in Armenien erworben,

[48] Shannon, Gladstone, S. 110.
[49] Vgl. Blake, Disraeli, S. 577.

sondern auch Rußlands Expansionsdrang auf dem Balkan zurückgedämmt. Mit Recht wird er daher als "the lion of the Congress" bezeichnet.[50]

Neben England war auch F r a n k r e i c h, dessen traditionell türkenfreundliche Politik in die Zeit Franz I. zurückreicht, im 19. Jahrhundert an der Erhaltung des ottomanischen Reiches interessiert. Napoleon I. beabsichtigte zwar, das ottomanische Reich mit dem Zaren aufzuteilen, ließ aber 1806 Talleyrand wissen, daß er „dieses große Reich" konsolidieren wolle, um es gegen Rußland einzusetzen. In den dreißiger Jahren führte Frankreich wieder eine türkenfeindliche Politik: Es trennte 1830 Algerien aus dem ottomanischen Reich heraus und verband sich mit Ägypten. Diese Aktionen hätte es beinahe mit einem europäischen Krieg bezahlen müssen. Unter englischer Anführung zwang das Europäische Konzert Frankreich zur Aufgabe seiner die Türkei schädigenden Politik. 1841 sprach man vom « rentrée » Frankreichs ins Europäische Konzert.

Napoleon III. beteiligte sich am Krimkrieg, nicht weil er an sich die Integrität des ottomanischen Reiches schützen wollte — das war nur das vordergründige Ziel —, sondern weil er in der orientalischen Krise einen Ansatzpunkt witterte, um die Erfüllung der sich selbst gestellten Lebensaufgabe, die grundlegende Veränderung der durch den Wiener Kongreß geschaffenen europäischen Verhältnisse zugunsten Frankreichs, einen entscheidenden Schritt voranzubringen. Als er nach dem Fall von Sevastopol' im September 1855 spürte, daß die Fortführung des Krieges in der Ostsee nur englischen Interessen dienen würde und eine Aufrollung der polnischen Frage auf Englands Ablehnung stieß, war er es, der zusammen mit Österreich England an den Konferenztisch zwang.[51]

Napoleon III. wird im allgemeinen als der große Sieger des Kongresses, der in der Hauptstadt seines Landes stattfand, an-

[50] Sumner, Russia and the Balkans, S. 505.

[51] Napoleons Politik im Krimkrieg bedürfte einer umfassenden Darstellung auf Grund der französischen Quellen. Vgl. Baumgart, Probleme, S. 76—82; Baumgart, Der Friede von Paris, S. 37—55.

gesehen, so wie Disraeli als der 'Löwe' des Berliner Kongresses gilt. Bedenkt man jedoch, daß Napoleon den Grundplan hegte, neben der Beendigung des Krimkrieges, also der Erledigung der orientalischen Frage, alle damals ruhenden, schwelenden oder embryonalen Konflikte, von Krakau bis Kuba, von Schweden bis Suez, auf einem glänzenden europäischen Areopag unter seiner Ägide zu behandeln, wird man die Ergebnisse des Pariser Kongresses nur als einen gedämpften Erfolg für ihn bezeichnen können. Diesen Areopag versuchte Napoleon, wie schon erwähnt, in dem Jahrzehnt danach zustande zu bringen. Der grandiose Umfang seines Programms und der den anderen Mächten durchsichtige Eigennutz, den das Europäische Konzert nur verbrämen sollte, waren schuld daran, daß dieser Kongreß — oder Antikongreß, von der Wiener Ordnung 1815 her betrachtet — nie zusammentrat.

Der Berliner Kongreß, hätte Napoleon ihn noch erlebt, würde gewiß nicht seinen Vorstellungen entsprochen haben: In Paris 1856 waren neben der orientalischen wenigstens noch die italienische Frage angeschnitten und die polnische Frage, wenn auch außerhalb des Kongreßsaales, angesprochen worden. Der Berliner Kongreß dagegen hatte eine noch enger gefaßte Tagesordnung: Es war gerade ein französischer Wunsch, alle mit dem russisch-türkischen Krieg nicht unmittelbar zusammenhängenden Angelegenheiten, selbst die zur orientalischen Frage gehörigen Probleme der Heiligen Stätten, Syrien, Ägypten und Tunesien (das unter der Hand allerdings von Salisbury und Bismarck als französische Interessensphäre genannt wurde), aus dem Kreis der Erörterungen auszuscheiden, ganz zu schweigen von der mancherorts gehegten Erwartung, der Kongreß werde die Frage der internationalen Schiedsgerichtsbarkeit, die polnische Sache, das Problem des Sozialismus oder die Abrüstungsfrage behandeln. Die nach 1871 gesunkene Stellung Frankreichs in Europa brachte es mit sich, daß Frankreich auf dem Berliner Kongreß "shamming dead" erschien.[52] Der französische Außenminister

[52] Taylor, The Struggle for Mastery, S. 240—41.

Waddington bezeichnete seine Rolle zutreffend als « non inactif mais réservé »[53]. Aktiv trat er nur für die Interessen der zahlreichen französischen Gläubiger im ottomanischen Reich ein, die durch den 1875 erklärten Staatsbankrott getroffen waren. Ansonsten sekundierte er Bismarck in seiner undankbaren Vermittlerrolle.

Preußen bzw. Deutschland war im 19. Jahrhundert diejenige unter den Großmächten, die wegen der geographischen Lage und wegen des — bis zur deutschen Einigung — minderen Machtstatus an der orientalischen Frage direkt überhaupt nicht interessiert war. Im Rahmen der Heiligen Allianz hat es die Führung darin Rußland überlassen. Durch die Vermittlung des Friedensschlusses von Adrianopel 1829 (Sendung des Generals von Müffling) konnte es, anders als Österreich 1855/56, Rußland einen Dienst erweisen, da das Eingreifen Englands möglich schien und vor allem die russische Armee unter einem hohen Krankenstand litt.

Im Krimkrieg hat Preußen, von den Westmächten umworben, bedroht und schließlich geschmäht, Neutralität gewahrt. Diese für die preußischen Interessen einzig realistische, d. h. nutzbringende Politik ist, wie Peter Rassow entgegen früheren Anschauungen nachgewiesen hat, von König Friedrich Wilhelm IV. gegen die Widerstände der dem Westen zuneigenden liberalen „Wochenblattpartei" und der rußlandfreundlichen Kamarilla durchgesetzt worden; sie brauchte ihm nicht erst durch Bismarck von Frankfurt aus souffliert zu werden.[54] Als Preußen nach anfänglichen Schwierigkeiten zum Pariser Friedenskongreß zugelassen wurde, sprach man wie 1841 im Falle Frankreichs vom « rentrée » ins « concert européen » und dokumentierte damit, daß Preußen qua Signatar eines europäischen Traktats erneut gesamteuropäische Rechte und Pflichten übernahm. Die Zulassung war völkerrechtlich nötig, weil der von Preußen mit-

[53] Zitiert bei Medlicott, The Congress of Berlin, S. 34.

[54] Die einschlägige neue Literatur besprochen bei Baumgart, Probleme der Krimkriegsforschung, S. 51, 378—79.

unterzeichnete Meerengenvertrag von 1841 revidiert werden sollte. Da sie jedoch verspätet und unter nicht sehr würdigen Umständen erfolgte, verglich sie Bismarck später mit dem Gang nach Canossa; er hätte die „Entziehung der Titulatur einer Großmacht" einer „mention honorable als europäische Macht"[55] vorgezogen, um sich in unabhängiger Stellung um so besser von den anderen Mächten umwerben zu lassen. Doch abgesehen von diesen in der Folge nicht ganz unerheblichen psychologischen Begleitumständen waren die realen Ergebnisse der Politik Preußens, daß es sich wirtschaftlich nicht durch einen Krieg ruiniert — es hatte vielmehr in einem noch unerforschten Maße besonders vom Schleichhandel mit Kriegsmaterial profitiert — und daß es die politische und dynastische Freundschaft mit Rußland erhalten hatte. Gerade die russische Freundschaft, durch das gemeinsame Vorgehen beim polnischen Aufstand 1863 gefestigt, war eine der Voraussetzungen für die wohlwollende Passivität Rußlands in den Einigungskriegen.

Auf das von Wilhelm I. aus Versailles 1871 dem Zaren übersandte Dankestelegramm für die diplomatische Nichtintervention Rußlands (und seine Ausübung militärischen Druckes auf Österreich) haben sich Alexander II. und Gorčakov in der Orientkrise nach 1875 wiederholt berufen, um Bismarck zu einer 'Option' zwischen Österreich-Ungarn und Rußland zu nötigen. Bismarck sah die in der „Doktorfrage aus Livadia" angedeutete Möglichkeit eines russisch-österreichischen Krieges anläßlich der orientalischen Wirren als die für Deutschland ungünstigste Eventualität an und ließ den Zaren wissen, daß die Erhaltung Österreichs als Großmacht für ihn das Pivot der europäischen Mächtekonstellation sei.

Das allgemein herrschende Bild von Bismarck auf dem Berliner Kongreß als dem „ehrlichen Makler, der das Geschäft wirklich zustandebringen will"[56], ist einseitig und entspricht nicht ganz

[55] Bismarck, Gesammelte Werke XV, S. 421, 420.

[56] Reichstagsrede am 19. 2. 1878 (Bismarck, Gesammelte Werke XI, S. 526).

der historischen Wirklichkeit. Bismarck war nicht der Friedensvermittler und Friedensstifter, sondern hat im Gegenteil den Ausbruch der orientalischen Krise indirekt, aber wirksam gefördert und sie politisch auszunützen versucht. Den von Gorčakov schon im August 1876 gewünschten Zusammentritt des Europäischen Konzerts zu einem Kongreß hat er abgelehnt: Er hielt die Übernahme eines Schiedsrichteramtes zwischen den Großmächten für undankbar und sah in der Sondierung Gorčakovs dessen Bedürfnis, „vor Europa zu posieren“[57]; vor allem aber war er am Ausbruch eines türkisch-russischen Krieges interessiert. Dem russischen Botschafter Oubril sagte er im Januar 1877, wie wir aus den von Goriainov veröffentlichten, wenig beachteten russischen Quellen wissen, daß er die politische Situation als « homme politique, non en rédacteur »[58] betrachte, d. h. daß er die Tat den endlosen diplomatischen Noten und Konferenzen vorziehe. Dem österreichischen Botschafter vertraute er kurz darauf an, er befürchte, daß das „eiternde nationale Gift“, wenn es keinen Abfluß nach der Türkei hin fände, auf Österreich-Ungarn und somit auf Deutschland übertragen werden könnte. Ein Krieg mit der Türkei werde den Russen jede Gelegenheit nehmen, später ihre Waffen gegen Deutschland zu kehren, sie aber zumindest von einer französischen Allianz ablenken.[59]

Das berühmte Wort Bismarcks, er sehe in der orientalischen Frage für Deutschland kein Interesse, „welches auch nur [...] die gesunden Knochen eines einzigen pommerschen Musketiers wert wäre“[60], muß also dahin ergänzt werden, daß die anderen Mächte ihre Knochen „da unten“ ruhig schinden sollten. Dem Kronprinzen gegenüber hielt Bismarck es nach dem Berliner

[57] Bismarck an Bülow, Varzin, 14. 8. 1876 (Die Große Politik II, S. 33). Ähnlich Bismarck gegenüber Hohenlohe am 24. Oktober 1877 (Hohenlohe, Denkwürdigkeiten II, S. 223).

[58] Oubril an Gorčakov, Bln, 14. 1. 1877 (Goriainov, La question d'Orient, S. 210).

[59] Wertheimer, Andrássy II, S. 404—405.

[60] Reichstagsrede v. 5. 12. 1876 (Bismarck, Gesammelte Werke XI, S. 476).

Kongreß für einen Triumph seiner Staatskunst, wenn es gelänge, „das orientalische Geschwür offen zu halten und dadurch die Einigkeit der andern Großmächte zu vereiteln und unsern eigenen Frieden zu sichern“[61]. Dieser Vorstellung, die Mächte vom Zentrum Europas abzulenken und sie an der Peripherie zu beschäftigen, entspricht das berühmtere, aber farblosere Bild, das er während des russisch-türkischen Krieges im Kissinger Diktat vom 15. Juni 1877 skizziert hat:[62] „nicht das irgend eines Ländererwerbes, sondern das einer politischen Gesamtsituation, in welcher alle Mächte außer Frankreich unser bedürfen, und von Koalitionen gegen uns durch ihre Beziehungen zueinander nach Möglichkeit abgehalten werden“.

Um den damals bereits stark empfundenen « cauchemar des coalitions » loszuwerden, hielt Bismarck auch einen englisch-russischen Krieg für ungefährlich, ja wünschenswert. Am drastischsten kommt diese wenig beachtete Vorstellung in einem kürzlich aus dem Nachlaß Herbert von Bismarcks veröffentlichten Brief zum Ausdruck, den Herbert kurz vor dem Zusammentritt des Berliner Kongresses schrieb[63]: „Im ganzen“, habe ihm sein Vater gesagt, „käme ja überhaupt mehr darauf an, daß wir *bemüht erschienen,* den Frieden zu sichern, als ihn *wirklich* zu erhalten.“ Aus diesem Grunde — die Rivalität unter den anderen Mächten nie ganz erlöschen zu lassen — hat Bismarck später die Russen im Rückversicherungsvertrag ermutigt, sich in Konstantinopel festzusetzen, und hat er gleichzeitig England seine Unterstützung zur Erhaltung des Status quo an den Meerengen zugesagt.

[61] Herbert v. Bismarck an das Auswärtige Amt für den Kronprinzen, Friedrichsruh, 2. 11. 1878 (Müller, Die Bedeutung des Berliner Kongresses, S. 83).

[62] Die Große Politik II, S. 154. Der im folgenden genannte « cauchemar des coalitions » ebenda.

[63] An Bülow, Friedrichsruh, 20. 4. 1878 (H. v. Bismarck, Privatkorrespondenz, S. 88). Ähnlich, aber zu einer Zeit, als ein Kongreß noch nicht in Aussicht stand: Hohenlohe, Denkwürdigkeiten II, S. 202 (29. 9. 1876); Die Große Politik II, S. 108 (27. 11. 1876).

Als im Frühjahr 1878 die Aussicht schwand, England und Rußland im Orient zu beschäftigen — nachdem der Zar den Engländern in einem am 30. Mai geschlossenen Abkommen wesentliche Abstriche vom Friedensvertrag mit der Türkei zugesichert hatte —, hat Bismarck wohl oder übel den Makler spielen müssen. Er hat die Kabinettspolitik alten Stils aufgegeben und dafür, entgegen seinen sonstigen Grundsätzen, mit Hilfe des glänzenden Areopags Prestigepolitik nach außen und mehr wohl für den inneren Gebrauch (der Kaiser war kurz vor Zusammentritt des Kongresses von den Schüssen Nobilings getroffen worden) getrieben: « Le Congrès, c'est moi »[64], soll er gesagt und jeden seiner Auftritte mit der Bemerkung eingeleitet haben: « L'Allemagne, qui n'est liée par aucun intérêt direct dans les affaires d'Orient, . . .»

Die russisch-deutsche Entfremdung nach dem Berliner Kongreß, die einen Präzedenzfall in der russisch-österreichischen Entfremdung nach 1856 hat — damals war der von Bismarck geringgeschätzte Buol der Friedensstifter —, führte neben anderen Gründen zum Zweibund mit Österreich von 1879. Bei dieser 'Option' für den schwächeren der beiden früheren Alliierten muß Bismarck heute wohl stärker als früher unter dem Zugzwang der Entwicklung der internationalen Konstellation stehend gesehen werden. Würde er für Rußland optiert haben, hätte er die Gefahr der Bildung einer neuen Krimkriegsallianz (Österreich, England, Frankreich) heraufbeschworen, d. h. Frankreich wieder bündnisfähig gemacht. Rußland würde sich dann Deutschlands nach dem Vorbild von Olmütz bedient haben und wäre, wie es Pogodin während des Krimkriegs gefordert hatte, seinen Weg nach Konstantinopel durch Wien gegangen und hätte sich im Herzen Europas festgesetzt. Doch auch auf dem Weg über Bismarcks Option für Österreich hat die Entwicklung zu dieser Situation geführt.

[64] Zitiert bei Langer, Alliances, S. 150. Das folgende Zitat bei Medlicott, The Congress of Berlin, S. 37.

II. DIE PARISER FRIEDENSSCHLÜSSE VON 1919/20

1. Die Lösung der orientalischen Frage

Der Berliner Kongreß von 1878 markiert ähnlich wie der Pariser Friede von 1856 einen Wendepunkt in den internationalen Beziehungen des 19. Jahrhunderts. Im Verhältnis der europäischen Mächte untereinander schloß er eine dreißigjährige Periode begrenzter Kriege und revolutionärer Eruptionen des Liberalismus und Nationalismus ab und eröffnete eine über dreißigjährige Ära des Friedens. Er kann trotz der genannten Vorbehalte als eine der letzten großen Manifestationen europäischer Solidarität angesehen werden, wie sie sich im Rahmen des Europäischen Konzerts entwickelt hatte. Die ›Times‹ spiegelte eine starke Strömung in der zeitgenössischen Anschauung von der internationalen Politik wider, wenn sie den Kongreß „das erste Beispiel eines faktischen Parlaments der Großmächte" nannte.[1] Die von dem Krimkriegsforscher Paul W. SCHROEDER aufgestellte These, der Krimkrieg habe das Europäische Konzert „zerstört" — neu und diskutierbar ist das hohe Maß an Verantwortung, das er dabei der englischen Politik zuteilt —, müßte daher modifiziert werden. Sie wäre dahingehend umzuformulieren, daß der Krimkrieg nicht "the destruction", sondern "the eclipse of the European Concert" herbeiführte: Die Behandlung der orientalischen Frage in den fünfzehn Jahren bis 1871 und noch mehr ihre einen europäischen Krieg verhindernde Erledigung in den Jahren 1875—78 sind dafür die augenfälligsten Belege. Allerdings litt das Europabewußtsein der Regierungen trotz des Berliner Kongresses auch nach 1878 weiter an Auszehrung und hat nie mehr die Stärke wiedererlangt, die es in der ersten Hälfte des 19. Jahrhunderts besessen hatte.

[1] Zitiert bei Beales, The History of Peace, S. 161.

Dieser besonders seit den neunziger Jahren stark einsetzende Prozeß der 'Verdünnung' ist vor allem bedingt durch die mächtige Strömung des Imperialismus mit ihren vielfältigen politischen, wirtschaftlichen, sozialökonomischen und -psychologischen Ursachen. Sie hat die Rivalität unter den Mächten verschärft und daher potentiell neue internationale Konfliktursachen geschaffen. Vorerst hat sie noch friedenssichernd gewirkt, indem sie die nationalen Energien in machtleere Räume außerhalb Europas ablenkte. Als diese Räume mit Macht ausgefüllt waren und die Ansprüche der Mächte daher hart aufeinandertrafen, nahm der Imperialismus friedensbedrohende Formen an.

Neben dem Imperialismus in allen seinen Erscheinungsformen und Implikationen (übersteigerter Nationalismus, Wettrüsten, Handelsprotektionismus, Sozialdarwinismus) hat auch ein neues Strukturelement die internationalen Beziehungen nach 1878 verhängnisvoll gestaltet: das System der Bündnisse, das Europa allmählich in zwei Bündnislager aufspaltete. Es nahm seinen Anfang mit dem deutsch-österreichischen Bündnis von 1879, das die vom Berliner Kongreß herrührende deutsch-russische Entfremdung möglichst ungefährlich machen sollte. Es komplizierte sich von Jahr zu Jahr durch immer weitere Allianzen. Dieses in sich mehrfach widersprüchliche System ist schließlich Ausdruck nicht so sehr der vielmals bewunderten Staatskunst Bismarcks, sondern der Labilität und Flüssigkeit der internationalen Lage dieser Zeit. Die Labilität ergab sich wie nach 1856 und nach 1919 vor allem aus dem Gefühl der Niederlage des Besiegten und aus seinem Revisionsstreben, das er durch die Aufsprengung der Siegerkoalition zu verwirklichen trachtete. Rußlands Versuche, mit dem gleichfalls revisionistischen Frankreich sowohl nach 1856 wie nach 1878 zusammenzukommen, finden bemerkenswerte Parallelen in Deutschlands Bestreben, die USA 1918/19 (Brockdorff-Rantzau) und in den zwanziger Jahren (Stresemann) gegen Frankreich auszuspielen.

Das System kurzfristiger, den Casus foederis möglichst präzise festlegender Defensivallianzen weichte das aus der ersten Hälfte überkommene Kongreß- und Konferenzverfahren allmählich auf. Das informelle, vage, daher aber auch weniger starre Konferenzsystem, die wichtigste Funktionsweise des Europäischen Konzerts, wurde nicht zuletzt deshalb zunehmend als ungeeignet zur Konfliktlösung und -vorbeugung angesehen, weil es den Partnern ein Mindestmaß an Solidarität, d. h. an Opferbereitschaft und Zurückhaltung, auferlegte. Es zeigte sich indes, daß in einem Zeitalter des übersteigerten Nationalismus die Alternative zum Konferenzsystem, nämlich ein juristisch ausgeklügeltes Vertrags- und Präventivsystem, die Machtfragen weniger durchgreifend zu lösen und den Frieden weniger nachhaltig zu sichern imstande war.

Es muß aber nochmals betont werden, daß ganz besonders die orientalische Frage in allen ihren Aspekten auch nach dem Pariser und dem Berliner Kongreß bis 1914 ein weites Feld für die Betätigung des Europäischen Konzerts bildete. Der Mord von Sarajevo am 28. Juni 1914 war nicht nur unmittelbarer Anlaß zum Ersten Weltkrieg, sondern auch, wie die anderen gewichtigen zum Krieg treibenden Faktoren Imperialismus, Nationalismus, Allianzsystem und die neuerdings für Deutschland vielbeschriebenen innenpolitischen Voraussetzungen, eine Ursache, die eine lange Vorgeschichte hatte. Ohne die Bedeutung der orientalischen Frage für den Ausbruch der Katastrophe überbetonen und den Weltkrieg, wie es der amerikanische Historiker Joachim REMAK kürzlich getan hat, einfach als Dritten Balkankrieg, also als Fortsetzung der voraufgehenden Balkankrisen (für die Balkanvölker war es das zweifellos) bezeichnen zu wollen, muß doch auf die zahlreichen, aus orientalischen Ursachen entstandenen internationalen Konflikte im Jahrhundert vor 1914 hingewiesen und demnach die Frage: Warum kam es Juli/August 1914 zum Weltkrieg? umformuliert werden in die Frage: Warum kam es nicht eher zu diesem Weltkrieg? Der Krimkrieg, aus orientalischen Ursachen entsprungen und wie der Erste Weltkrieg auf dem Balkan ausgebrochen, hat sich trotz zahlreicher Elemente moderner und totaler Kriegführung (Materialschlachten mit neuen Waffen, Wirtschaftskrieg, Aufwiegelung von Nationalitäten in den drei Vielvölkerreichen) nicht zum Weltkrieg ausgeweitet. Warum nicht? Warum ist im Frühjahr 1859 der Ausbruch eines gesamteuropäischen Konflikts über Serbien verhütet worden (eine gegenüber dem kurz darauf entbrannten norditalienischen Krieg kaum erforschte Frage)? Warum ist es im Frühjahr 1878 nicht zum Kräftemessen zwischen England und Rußland gekommen? Warum konnten alle Balkankrisen, die der Berliner Kongreß nicht hatte eindämmen können, von 1885 bis 1912/13 eingegrenzt und lokalisiert werden und nicht diejenige von 1914?

Die Geschichte der vor 1914 nicht ausgebrochenen Weltkriege ist noch nicht geschrieben. Der englische Historiker Alan J. P. Taylor hat eine anregende Skizze unter dem Titel ›Rumours of Wars‹ vorgelegt, auf der noch nicht weitergebaut worden ist.[2] Der historischen Friedensforschung eröffnet sich hier ein ergiebiges Feld. Die Fixierung der derzeitigen deutschen Geschichtswissenschaft auf die innenpolitischen Gegebenheiten Vorkriegsdeutschlands könnte die Elemente des Krampfhaften, die ihr anhaften, allmählich abstreifen, wenn sie diesen Ursachenstrang — neben der noch wenig untersuchten innenpolitischen Situation der anderen Großmächte — mit in ihre Ursachen- und Strukturforschung einbezöge.

Durch den Weltkrieg ist die orientalische Frage wie nie zuvor vereinfacht und ist ihre Lösung unaufhaltsam beschleunigt worden. Was in den anderthalb Jahrhunderten vor dem Weltkrieg stets im Stadium des Pläneschmiedens steckengeblieben war — die radikale Aufteilung des riesigen ottomanischen Reiches und die Beerbung des 'kranken Mannes' —, ist in der besonderen Situation des Krieges unschwer möglich gemacht und bei Kriegsende zum Teil verwirklicht worden. Die Erbansprüche wurden erhoben von den drei Ententemächten, von Italien, von den Arabern sowie vom Judentum und in einer Reihe von G e h e i m a b k o m m e n d e r J a h r e 1915/17 verbrieft.[3] Sie schlossen einander teilweise aus und waren so weit getrieben, daß der Resttürkei nur ein Bruchteil dessen, was sie heute von Anatolien innehat, verblieben wäre.

[2] Das Kapitel über den Krimkrieg (S. 30—40) ist treffend überschrieben: Crimea: The war that would not boil. In diesem Zusammenhang ist auf das oben Anm. 23 angesprochene Problem der Kriegsfurcht hinzuweisen.

[3] Neuestes Werk zu den Kriegszielen der Alliierten: Rothwell, British War Aims. Eine Übersicht über die Palästinaprobleme der Alliierten im Ersten Weltkrieg bietet: Wagner, Der Arabisch-Israelische Konflikt, S. 102—133. Zum ganzen Kapitel vgl. die beiden Vorträge von Conrad Oehlrich in: Ideologie und Machtpolitik, S. 167—180; Die Folgen von Versailles, S. 64—78.

Das Abkommen, das am radikalsten mit der europäischen Politik in der orientalischen Frage brach, war die Dreimächtevereinbarung vom Frühjahr 1915, die Rußland die Beherrschung Konstantinopels und der Meerengen zuerkannte. England gab damit ein Ziel auf, nach dem es beinahe hundert Jahre seine Mittelmeer-, Orient- und Rußlandpolitik ausgerichtet hatte: die Fernhaltung Rußlands von diesem strategischen Schlüsselgebiet. Wenn auch seit den achtziger Jahren des 19. Jahrhunderts die Unumstößlichkeit dieses Prinzips, um derentwillen England 1853 und 1878 kriegsbereit war, durch mancherlei Faktoren in Frage gestellt worden war, ist der Verzicht darauf doch nur dadurch ermöglicht worden, daß zwei der Großmächte darüber überhaupt nicht befragt zu werden brauchten. Durch die russische Oktoberrevolution und Lenins Veröffentlichung dieser Geheimvereinbarung ist zwar ihr nackter imperialistischer Charakter zutage getreten, die Verwirklichung der Teilungspläne aber noch weiter vereinfacht worden. Infolge des politischen Rückzugs der im Weltkrieg neu hinzugekommenen amerikanischen Macht nach dem Versailler Friedensschluß ist es auch zu keiner Konfrontation zwischen den imperialistischen Teilungsplänen der beiden verbliebenen europäischen Großmächte und dem damit in flagrantem Widerspruch stehenden amerikanischen Friedensprojekt mehr gekommen, so daß als ernstzunehmender Kontrahent Englands nur noch Frankreich in Frage kam. Da dessen Ansprüche aus dem Sykes-Picot-Abkommen durch die Überantwortung Syriens schlecht und recht befriedigt werden konnten und Frankreichs Hauptinteresse im Gegensatz zu England an einer Aufrechterhaltung des Versailler 'Systems' in Mitteleuropa lag, fiel England tatsächlich der Löwenanteil der osmanischen Erbschaft im arabischen Bereich zu. Zu Recht konnte daher die bis 1956 währende britische Herrschaft im Vorderen Orient als „Britain's Moment in the Middle East" bezeichnet werden (Titel des Buches von Elizabeth Monroe). 1918/19 überwog noch das strategische Interesse an der Sicherung des Weges nach Indien das wirtschaftliche Interesse am neuentdeckten Erdöl des Mittleren Ostens, so daß dieser Faktor für diese Zeit nicht überbewertet werden sollte. Immerhin war seine Bedeutung damals schon so groß, daß die englische Marine, die sich seit 1912 von Kohle- auf Ölfeuerung umgestellt hatte, den Mittleren Osten als ihr Versorgungsgebiet ansah, und die USA daran so weit interessiert waren, daß sie energisch die Beachtung des Prinzips der 'Offenen Tür', selbst unter Hintanstellung des Selbstbestimmungsrechts der Völker, forderten.

Die Lösung der orientalischen Frage nach dem Ende des Ersten Weltkrieges läßt sich in drei geographischen Regionen verfolgen, im arabischen, nationaltürkischen und balkanischen Bereich.

Die Neuordnung der Verhältnisse im arabischen Raum des ehemaligen osmanischen Reiches kann als direkte Fortsetzung der kolonialimperialistischen Vorkriegspolitik Englands und Frankreichs angesehen werden. Die umfangreiche angelsächsische Forschung[4] ist heute im allgemeinen zu dieser Kennzeichnung gelangt. Sie läßt sich sonst nur noch auf die Behandlung des ehemaligen deutschen Kolonialbesitzes in Afrika, im pazifischen Raum und in China anwenden. In bezug auf Mitteleuropa, Osteuropa und den Balkan dagegen sind im Friedenswerk von Paris 1919/20 andere Gestaltungsprinzipien wirksam geworden, deren mächtigstes das Selbstbestimmungsrecht der Völker war.

Die Schwierigkeiten bei der Beerbung der osmanischen Herrschaft im arabischen Bereich von Ägypten bis Mesopotamien ergaben sich aus drei einander widersprechenden Faktoren: der imperialistischen Rivalität zwischen England und Frankreich, den Verheißungen, die diese Mächte entgegen ihren internen Abmachungen (Sykes-Picot-Abkommen) den Arabern gemacht hatten, und dem Versprechen Englands gegenüber den Zionistenführern, dem Judentum in Palästina eine 'nationale Heimstätte' zu schaffen.

Durch langwierige Verhandlungen grenzten die beiden europäischen Mächte ihre Ansprüche in den arabischen Landesteilen gegeneinander ab. Frankreich, das Syrien und den Libanon wegen seiner wirtschaftlichen und kulturellen Durchdringung seit der zweiten Hälfte des 19. Jahrhunderts als seine Interessensphäre betrachtet hatte, bekam auf der Konferenz von San Remo am 25. April 1920 das Mandat des Völkerbunds über das Gebiet zugesprochen. Gegenüber dem Nationalismus und Unabhängigkeitsstreben der Araber mußte es mit militärischer Gewalt vorgehen. Im Juli 1920 wurden der von einer syrischen National-

[4] Neben dem im Text genannten, einen größeren Zeitraum umfassenden Buch von Monroe sind an neueren Untersuchungen wichtig: Nevakivi, Britain, France and the Arab Middle East; Sachar, The Emergence of the Middle East (mit ausführlicher Bibliographie S. 487 bis 518); Evans, United States Policy and the Partition of Turkey; Howard, The King-Crane Commission.

versammlung zum König proklamierte Faisal aus Damaskus vertrieben und das Land besetzt. England übernahm das Mandat über Palästina, wo die Balfour-Deklaration vom November 1917 in Geltung bleiben sollte, über das angrenzende Transjordanien und über das in Irak umbenannte Mesopotamien einschließlich Mossul. Im Friedensvertrag von Sèvres mit der Türkei vom 10. August 1920 wurden die Abtrennung der arabischen Gebiete von der Türkei, die Neubestimmung der syrischen Grenze und die Zuteilung des Wilajets Mossul an den Irak festgesetzt. Das von England bei Kriegsausbruch einseitig proklamierte Protektorat über Ägypten wurde durch den Lausanner Friedensvertrag von 1923 legalisiert; dem Unabhängigkeitsstreben des Landes hatten aber schon 1922 Konzessionen gemacht werden müssen.

Es sind besonders drei Probleme der Friedensordnung im arabischen Raum, die von der Forschung neu diskutiert werden: der Nationalismus der Araber, die Balfour-Deklaration und der Mandatsgedanke.

Man ist sich heute in der europäischen und amerikanischen Geschichtsschreibung darüber einig, daß der arabische Nationalismus (den man aus der politisch-historischen Sicht Europas auch als 'Arabische Bewegung' bezeichnet hat) am Ende des Weltkriegs ungeformt war, daß er im Verhältnis etwa zu den Balkanvölkern noch einen niedrigen Reifegrad, d. h. einen geringen Grad sozialer Durchdringung erreicht hatte. Er war vor dem Krieg mehr eine Untergrundbewegung, die von den Zentren der Emigration in Kairo und Paris geleitet und von Geheimgesellschaften in den osmanischen Reichsteilen getragen wurde. Er führte kaum mehr als ein literarisches Dasein, war also nie eine Volksbewegung. Während des Krieges diente er England als Kampfmittel gegen den Zusammenhalt des türkischen Reiches und einigen arabischen Scheichs zum Ausbau ihrer persönlichen Macht.

Die Unfertigkeit des arabischen Nationalismus am Weltkriegsende und die innerarabischen Konflikte der folgenden Jahrzehnte haben einige Forscher der Geschichte des Nahen Ostens, wie Elie Kedourie und Bernard Lewis, zu der Frage veranlaßt, ob die Fragmentierung der arabischen Teile des osmanischen Reiches nicht ein Fehler oder ob sie damals zumindest nicht verfrüht gewesen sei. Es kann gewiß argumentiert werden, daß die Stabilität der vierhundertjährigen osmanischen Herrschaft, die für die Nomaden- und Wüstenstämme oft gar nicht oder kaum fühlbar war, weder unter englisch-französischer noch unter der eigenen arabischen Führung jemals wieder erreicht worden ist. Aber hätte etwa der Panislamismus, der neben dem Ottomanismus der Tansimat- und Nach-Tansimatperiode und dem Panturanismus der jungtürkischen Zeit eine weitere Variante der Reichseinungsbemühungen der Zentrale bildete, eine größere Zukunft gehabt als der arabische Nationalismus? Die verschiedenen, teilweise phantastischen Versuche in der Vorkriegs- und Kriegszeit, panislamische Ideen in die Wirklichkeit umzusetzen, hatten doch die Unfruchtbarkeit einer religiösen Einungsidee in einer zunehmend sich säkularisierenden Welt und die Unmöglichkeit erwiesen, Loyalität in Gebieten jenseits des eigenen politischen Herrschaftsbereichs (etwa in Indien und Rußland) zu wecken und zu pflegen. Doch die Frage erscheint insofern bedeutsam, als sie den Nutzen und Wert des Nationalismus bei der Lösung der Probleme eines Vielvölkerreiches gegenüber früheren Anschauungen relativiert. Die Frage wird sich in analoger Form noch einmal bei der Betrachtung des Zusammenbruchs des Habsburgerreiches stellen.

Den Initiatoren der Schaffung einer nationalen Heimstätte für die Juden, dem englischen Außenminister Balfour und dem Zionistenführer Chaim Weizmann, wird man die Problematik, die sich vor allem nach dem Zweiten Weltkrieg aus dieser Schöpfung ergab, nicht zur Last legen dürfen. Diese Problematik läßt sich sentenzartig dahingehend formulieren, daß durch die Friedensordnung von 1919/20 zwar die orientalische Frage gelöst, aber an ihre Stelle eine neue, die Nahost-Frage, gesetzt wurde. Die Motive für die B a l f o u r - D e k l a r a t i o n, die zuletzt von Leonard J. Stein, Jon Kimche, Renée Neher-Bernheim und Egmont Zechlin eingehend untersucht wurde, lagen im Propagandawert, den man ihr in der Londoner Regierung beimaß: in der Werbung um Sympathien im amerikanischen Judentum (nicht zuletzt um gleichgerichtete deutsche Bestrebungen zu durchkreuzen) und im Bemühen, das Kerenskij-Regime in Rußland zu stützen, das man fälschlich unter jüdischem Einfluß stehend wähnte. Ausschlaggebend dürfte der strategische Aspekt gewesen sein, den Weizmann nicht müde wurde zu betonen, daß ein rekonstruiertes Palästina sich zu einem "very great asset to the British Empire"[5] herausbilden, also den Suez-Kanal an seiner nordöstlichen Flanke sichern würde. Arabische Nationalisten empfanden zwar schon in den zwanziger Jahren die Errichtung eines jüdischen Staates als Keil im arabischen Territorium. Aber zunächst blieb das Palästina-Problem gegenüber dem syrischen im Hintergrund, zumal die jüdische Einwanderung nicht den von Weizmann auf der Pariser Friedenskonferenz vorausgesagten Umfang von 70 000 bis 80 000 Juden pro Jahr annahm. Doch die nationalsozialistischen Judenverfolgungen ließen den Einwandererstrom zu ganz anderen Proportionen anwachsen, die erst den Grund für den arabisch-israelischen Konflikt der heutigen Zeit legten.[6] Sie konnten 1917/19 nicht vorausgesehen werden.

Für die Durchführung der Balfour-Deklaration wurde England als Mandatar des Völkerbunds eingesetzt. Das M a n d a t s s y s t e m gehört in den noch zu erörternden Komplex der Friedenssicherung und Konfliktvorbeugung im Rahmen des kollektiven Sicherheitssystems des Völkerbunds. Es ist als Kompromiß zwischen den Vorstellungen Wilsons und des südafrikanischen Premierministers Smuts einerseits und den Annexionsbestrebungen der europäischen Siegermächte und Japans andererseits anzusehen. Im Geschichtsbewußtsein der Deutschen wird das Mandatssystem gewöhnlich mit der Wegnahme der deutschen Kolonien in Zusammenhang gebracht. Doch der Gedanke ging ursprünglich auf Smuts, eine der faszinierendsten Gestalten und einen der wenigen konstruktiven Denker der Pariser Friedenskonferenz,[7] zurück. Smuts

[5] Zitiert bei Anderson, The Eastern Question, S. 347.

[6] Darüber jetzt mit eingehender historischer Rückblendung und zahlreichen Literaturangaben: Wagner, Der Arabisch-Israelische Konflikt.

[7] Eine Biographie schrieb Hancock, Smuts. Von ihm ist auch der Nachlaß Smuts' aufgearbeitet worden: Smuts, Papers. Bd. 4 betrifft die Zeit der Pariser Friedenskonferenzen.

hat das Mandatssystem als Übergangslösung für die aus dem Zerfall der drei Reiche Türkei, Österreich-Ungarn und Rußland sich ergebenden Probleme konzipiert. Erst durch Wilson ist es auch auf die deutschen Kolonien übertragen worden.

Während die Idee, den revolutionären Schock, der bei einer unvermittelten Entlassung von Völkerschaften aus einem übernationalen Reich vorauszusehen war, durch stufenweise Hinführung dieser Völker zur Selbständigkeit zu dämpfen, zukunftsweisend schien, sah die Praxis doch anders aus. Angewandt wurde sie außer auf die deutschen Kolonien nur auf die asiatischen Teile der Türkei. Smuts selbst befürwortete die Annexion der deutschen Kolonien. Auch die Amerikaner waren nicht allein von altruistischen Motiven durchdrungen. Neben dem Schutz der Eingeborenenbevölkerung vor Ausbeutung war das kommerzielle Prinzip der 'Offenen Tür' ("to ensure that the interests of other foreign states are not injured", wie es der Präsidentenberater George L. BEER einmal formulierte[8]) maßgebend; denn es ließ sich in einem Mandatsgebiet, das nicht unter ausschließlicher Souveränität eines Staates stand, besser aufrechterhalten als in einem annektierten Kolonialgebiet, in dem jederzeit eine diskriminierende Handelsgesetzgebung in Kraft gesetzt werden konnte.

Neben der Kritik, daß das Mandatssystem nur eine verschleierte Annexion bedeutet hätte, kann geltend gemacht werden, daß es zwar dem Mandatar die Möglichkeit schuf, Einfluß und Macht in dem Mandatsgebiet beinahe wie in einer Kolonie auszuüben, daß es ihm aber zugleich erleichterte, dem Mandanten die Verantwortung für die Regierung zuzuschanzen, und damit den Weg zur Unabhängigkeit konfliktreich gestaltete. Die Trennung von Macht und Verantwortung kann daher als „Degradierung des imperialen Ethos" angesehen werden[9]. Aber wie anders als durch allmähliche Delegation von Verantwortung hätte der Weg konfliktärmer gemacht werden können?

Der Friedensvertrag von Sèvres, der über das Schicksal der Türkei entscheiden sollte, war — nomen est omen — der zerbrechlichste von den Pariser Verträgen: Er war der einzige, der unausgeführt blieb. Da er in seinem Diktatcharakter den anderen gleichgesetzt werden kann (Versailles, St. Germain, Neuilly, Trianon), könnte man die Ansicht vertreten, daß dieser

8 Beer, African Questions at the Peace Conference, S. 425.

9 Kedourie, The End of the Ottoman Empire, S. 25.

Ausgang auch in bezug auf die anderen Verträge wünschbar und realisierbar gewesen wäre, daß mit anderen Worten dann eine Reihe schwerster Nachkriegsprobleme der Welt hätte erspart bleiben können; denn der an die Stelle von Sèvres getretene Verhandlungsfriede von Lausanne erwies sich als dauerhafte Lösung. Doch es lag eine Reihe einzigartiger Umstände vor, die bei den anderen Friedensverträgen nicht postuliert werden können.

Es ist auf den ersten Blick erstaunlich, daß das schwächste unter den gegnerischen Reichen am erfolgreichsten die einseitige und harte Friedensregelung abgeschüttelt hat. Die Friedensmacher in Paris scheinen unter der Illusion gestanden zu haben, daß es angesichts des totalen Zusammenbruchs mit der Friedensregelung in diesem Raum keine besondere Eile habe. Darüber hinaus gab man sich in Paris der falschen Hoffnung hin, daß die USA zur Mitübernahme der Verantwortung an der Liquidierung der osmanischen Erbschaft in Form eines Mandats über das neu zu gründende Armenien, eventuell auch über Konstantinopel und die Meerengen bewogen werden könnten. In der Zwischenzeit wuchs ein türkischer Nationalismus von ungeahnten Dimensionen heran. Bereits genährt durch die von den Bolschewiki veranlaßte Veröffentlichung der Geheimabkommen, entzündete sich das Nationalgefühl an der mitten während der Pariser Beratungen, am 15. Mai 1919, erfolgten Landung griechischer Truppen in Smyrna. Es zeugt von groteskem völkerpsychologischem Unverständnis, daß Lloyd George die Griechen unter ihrem geschmeidigen Ministerpräsidenten Venizelos zu dieser Aktion ermunterte: Die Okkupation des türkischen Kernlandes durch ein verachtetes ehemaliges Untertanenvolk mußte zu äußerstem Widerstand aufstacheln. Sie endete nach schwerem Ringen im Sommer 1922 mit der Vertreibung der griechischen Armee von türkischem Boden.

Die Seele des Widerstandes war Mustafa Kemal (Atatürk). Über ihn hat zuletzt Lord Kinross eine verständnisvolle Lebensbeschreibung vorgelegt, die aber nicht als definitive wissenschaftliche Biographie anzusehen ist. In der jungtürkischen Tradition wurzelnd, war Kemal bereit, die Türkei mit unerbittlicher Konsequenz aus der unheilvollen Symbiose zwischen islamischem Weltbild und europäischer Zivilisation zu lösen und den von den rebellischen Rand- und Untertanenvölkern befreiten Rumpfstaat radikal zu einer säkularisierten europäischen Republik umzuformen.

Auf drei Ebenen mußte Kemal den Widerstand organisieren[10]: Auf der innenpolitischen entschied er den Regierungsdualismus zwischen der hilflosen Sultansregierung in Konstantinopel und der von ihm im anatolischen Hochland in Ankara geführten Nebenregierung (ein Vergleich mit der Situation im Rußland von 1917 drängt sich auf) schließlich zu seinen Gunsten. 1922 wurde das Sultanat, 1924 das Kalifat für abgeschafft erklärt und damit der Bruch mit einer über 600 Jahre alten Geschichte vollzogen. Auf militärischer Ebene mußte sich Kemal nicht nur gegen die griechische Invasion, sondern auch gegen italienische, französische und englische Expeditionstruppen und gegen die Armenier wehren. Aus der Mitte her operierend — wie die Bolschewiki in ihrem Bürgerkrieg auch — behielt er schließlich die Oberhand. Auf außenpolitisch-diplomatischer Ebene machte er sich die schweren Differenzen unter den Siegern zunutze, genau wie Lenin die Widersprüche unter den kapitalistischen Gegnern auszuspielen wußte. Ja, Kemal tat sogar den naheliegenden Schritt, sich mit den Bolschewiki zu verbinden, die ihm freiwillig die auf dem Berliner Kongreß verlorengegangenen Gebiete Kars und Ardahan zurückerstatteten und ihm Waffen für den Verteidigungskampf lieferten (die miteingeschleusten kommunistischen Revolutionäre wurden auf geheimnisvolle Weise liquidiert). Er fand also zu einer Rapallo-Politik, noch bevor Deutschland sie in einer analogen Situation betrieb.

Der der Sultansregierung auferlegte Friede von Sèvres wurde von Kemal nicht anerkannt. Er zerstörte den Rest an Autorität, den der Sultan unter den Nationalisten noch besaß, und stärkte die innenpolitische Position Kemals. Das Auseinanderfallen der anglo-französischen Entente und der Rückzug Italiens ermöglichten die Aufnahme von neuen Friedensverhandlungen in Lausanne. Die Hauptprobleme — Meerengen, Mossul-Gebiet, Minderheitenfrage und Kapitulationen — wurden mit Ausnahme des zweiten im türkischen Sinne gelöst. Die Meerengenkonvention bedeutete eine Niederlage für den Standpunkt Rußlands, das im Gegensatz zu den Friedensverhandlungen von 1919/20 in Lausanne beteiligt war, und einen Sieg Englands. Trockij charakterisierte die Lage mit der treffenden Bemerkung, daß „die Freiheit der Meerengen-Durchfahrt nur die militärische Diktatur der zur See stärksten Macht über das Schwarze Meer" bedeute.[11] Die Minderheitenfrage

[10] Solide Darstellung: Smith, Origins of the Kemalist Movement.

[11] Interview Trockijs im Observer, 5. 11. 1922 (Soviet Documents on Foreign Policy I, S. 435).

wurde durch einen Bevölkerungsaustausch „geregelt", der die Verpflanzung von rund 400 000 Türken und 1,3 Mio. Griechen involvierte und im übrigen als Präzedenzfall für entsprechende Aktionen in Mitteleuropa am Ende des Zweiten Weltkrieges und in Indien einige Jahre später gedient hat. Der vielleicht wichtigste Verhandlungserfolg war die Aufhebung der seit fast 400 Jahren in rechtlicher und wirtschaftlicher Hinsicht zugunsten Europas (Konsulargerichtsbarkeit) bestehenden Schranken, der sogenannten Kapitulationen.

Der Friede von Lausanne läßt die Lehren, die aus den Friedensschlüssen der Neuzeit zu ziehen sind, wohl am augenfälligsten werden: daß eine Friedensordnung nur dann Aussicht auf Bestand hat, wenn sie dem unterlegenen Partner nicht unter demütigenden Umständen aufgezwungen, sondern mit ihm auf dem Wege von gleichberechtigt geführten Kompromißverhandlungen ausgehandelt wird.

Die Regelung der Balkanfrage, des dritten wichtigen Aspekts der orientalischen Frage, wird bei der Betrachtung der anderen Pariser Vorortsverträge zu erörtern sein.

2. *Das Selbstbestimmungsrecht der Völker*

a) Die Idee

Die großen Friedensschlüsse der Neuzeit waren stets von einem oder mehreren übergreifenden Ordnungsprinzipien gestaltet: der Westfälische Friede von 1648 nach dem Prinzip der Souveränität und der religiösen Toleranz; das Friedenswerk von 1713/14 nach dem Grundsatz des Mächtegleichgewichts; der Wiener Kongreß nach demselben Grundsatz und nach dem Prinzip der Restauration und Legitimität in der dynastischen, innen- und sozialpolitischen Ordnung; der Friede von Paris 1856 und der Berliner Kongreß von 1878 wiederum nach dem Gleichgewichtsprinzip, das ein orientalisches Gleichgewicht einschloß und im ersten Fall die strenge Beachtung der Integrität des ottomanischen Reiches postulierte. Über dem Friedenswerk von Paris 1919/20 standen dagegen ganz neue Ordnungsgrundsätze: das Nationalitätenprinzip in Form des Selbstbestimmungsrechts der Völker, das 1815 noch souverän mißachtet, 1856 und 1878 noch weitgehend dem Gleichgewichtsprinzip untergeordnet werden konnte, und die organisierte kollektive Friedenssicherung in Form des Völkerbundes.

Über die Fruchtbarkeit der Friedensvorstellungen von 1919 denkt die Forschung heute angesichts der zweiten Weltkatastrophe, die dadurch nicht verhindert wurde, anders, als es die Welt 1919 getan hat. Bevor auf die Frage eingegangen wird, welche Methoden der Friedensbewahrung heute an ihre Stelle getreten sind oder treten können, ist nach den Gründen zu suchen, warum diese Vorstellungen so wenig friedenssichernd gewirkt haben, und ist noch auf eine Reihe weiterer Forschungsprobleme der Friedensordnung von 1919/20 einzugehen.

Die Neugestaltung der Verhältnisse in Südosteuropa und in Ostmitteleuropa — oder wie es im Hinblick auf die bezweifelte Dauerhaftigkeit der Ordnung in vielsinniger Weise damals auch hieß: Zwischeneuropa — erfolgte nach dem Grundsatz des Selbstbestimmungsrechts der Völker. Es ersetzte nach dem Zusammenbruch bzw. der Zerschlagung (schon in der Wahl dieser beiden Begriffe liegt eine Wertung, auf die zurückzukommen ist) der drei Vielvölkerreiche die übernationale imperiale Ordnungsidee, die Reichsidee.

Die I d e e vom säkularisierten Selbstbestimmungsrecht ist von der Staatsphilosophie der Aufklärung ausgebildet und durch die amerikanische Unabhängigkeitserklärung von 1776 sowie durch die Französische Revolution zum erstenmal historische Wirklichkeit geworden. Begründet wurde sie von den Aufklärungsphilosophen und den Revolutionsträgern mit der Souveränität des Volkes. Trotz der Zurückdrängung und Einhegung durch die Wiener Kongreßordnung blieb die Idee im 19. Jahrhundert virulent. Sie erhielt neue Kraft durch den Volkstumsgedanken der deutschen romantischen Staatsphilosophie und äußerte sich in den drei nationalen, die Ordnung von 1815 und 1856 erschütternden Wellen der Aufstände von 1830/31 (mit den voraufgegangenen Unabhängigkeitskriegen in Griechenland und Lateinamerika), 1848 sowie des italienischen Risorgimento und — in wesentlich anderer Ausprägung, nämlich in Form der Revolution von oben — der deutschen Einigungskriege.

Für das Verständnis der Auswirkungen dieser Idee vom Selbstbestimmungsrecht in der Friedensordnung von 1919 sind besonders drei Faktoren wichtig: 1. daß sie, wie bereits im Zusammenhang der orientalischen Frage erörtert wurde, in der Auseinandersetzung mit den überkommenen übernationalen Ordnungskräften neue, härtere Züge annahm, indem an die Stelle des demokratischen Nationalitätenbegriffes ein unduldsamer exklusiver (ethnozentrischer) Nationalismus trat; 2. daß die Selbstbestimmungsidee im Zusammenhang mit der sozialökonomischen Entwicklung des 19. Jahrhunderts, der Entstehung einer Industriegesellschaft, die Funktion hatte, die Gesellschaft nach dem Kriterium der Sprache und des Volkstums neu zu konstituieren und dabei das alte dynastisch-territoriale Ordnungsprinzip beiseite zu drängen; und 3. daß sie auf Grund ihrer doppelten Herkunft aus der westeuropäischen Aufklärungsphilosophie und der mitteleuropäischen Volkstumsidee zu einem Dualismus sozialer und nationaler Ordnungsvorstellungen führte, die von den Pariser Friedensmachern 1919 in verhängnisvoller Weise vermengt worden sind.

Unter den Nationalismusforschern hat besonders Eugen Lemberg auf diese Dichotomie der Gesellschaftsmodelle und Volksbegriffe hingewiesen, deren Unvereinbarkeit man 1919 nicht habe wahrhaben wollen. Nach dem westeuropäischen (französischen) Nationsbegriff erlebte und verstand sich die Nation als die Summe der an einem Staat, an einer Regierung beteiligten und interessierten Individuen. Nach ihm galten nur zwei Kategorien als legitim: Individuum (Bürger) und Staat. Alle anderen Bindungen, vor allem solche ständischer und religiöser Art, waren zurückzudrängen und zu bekämpfen. Nation und Staat wurden weitgehend als identisch aufgefaßt. Anders war es in Mittel- und Osteuropa. Hier waren die Entdeckung der Volkstumsidee und das Erwachen der Sprachvölker das prägende Erlebnis gewesen. Nicht der Staat, sondern die homogene sprachliche oder rassische Gruppe war die Integrationsmitte und das Gesellschaftsideal.

Im Pariser Friedenswerk wurde das Nationalitätenproblem in Südost- und Zentralosteuropa dadurch zu lösen versucht, daß hier der westliche etatistische Nationsbegriff und das ihm entsprechende politische Prinzip der Mehrheitsdemokratie für maßgebend erklärt wurden. Von den minderheitlichen Volksgruppen, die sich in den neuen Nationalitätenstaaten befanden, wurde die Anerkennung des westlichen Gesellschaftsmodells, d. h. die Bereitschaft zu allmählicher Assimilation an das Mehrheits- und Staatsvolk erwartet. Für die Übergangszeit der Verschmelzung wurde ihnen ein vertraglich gesicherter Minderheitenschutz gewährt. Erwin VIEFHAUS hat in seiner Studie über das Zustandekommen der Minderheitenschutzverträge in Paris auf die intensive Diskussion der in den drei Vielvölkerreichen bestehenden Nationalitätenprobleme der Jahrzehnte vor 1919 hingewiesen, in der immer wieder vor den Gefahren der Mehrheitsherrschaft in Nationalitätenstaaten gewarnt worden war. Daraus ging hervor, daß nur im politischen und wirtschaftlichen Bereich das Modell der Mehrheitsdemokratie für sinnvoll und adäquat, dagegen in nationalen, kulturellen und religiösen Angelegenheiten für unanwendbar gehalten wurde. In folgender Bemerkung des Staatsrechtslehrers Georg Jellinek aus dem Jahre 1898 sieht Viefhaus eine exakte Prognose der ostmitteleuropäischen staatlich-politischen Verhältnisse nach 1919 mit ihrem Gegenüber von staatstragenden Majoritäten und der Majorisierung ausgesetzten Minoritäten:[12] „Die Lehre, daß wie in anderen, so auch in nationalen Fragen Mehrheit zu entscheiden habe, ist nichts anderes als eine in der Politik so häufig vorkommende Deduktion aus ungenügend fundierten Prämissen. Es wird nämlich die für das Majoritätsprinzip notwendige innere politische Einheit des gesamten Volkes in einem Punkte vorausgesetzt, in dem sie nicht vorhanden sein kann. [...] Was für das absolut Gleiche gilt [in der Politik], kann aber nicht für das absolut Ungleiche seine Geltung beanspruchen."

Man kann angesichts dieser Beurteilung, die als repräsentativ

[12] Zitiert bei Viefhaus, Minderheitenfrage, S. 15.

für eine Fülle gleichartiger Analysen des Nationalitätenproblems vor 1919 angesehen werden kann, die 1919/20 in Paris entwickelte Konstruktion der Minderheitenschutzverträge in souveränen Nationalstaaten als „eine erstaunliche Primitivierung und Simplifizierung des Problems“[13] bezeichnen. Es erhebt sich indes die Frage: Hätten die Friedensmacher von 1919 nach solchen früheren konstruktiver erscheinenden Vorschlägen verfahren sollen *und* können? Es war allerdings 1918/19 unschwer vorauszusehen, daß die Führer der neuen Staaten ihre Staatswesen nach dem Bild der einen und unteilbaren, aus Individuen und nicht aus verschiedenen nationalen und religiösen Gruppen bestehenden Nation einrichten, eine entsprechende Nationalisierungspolitik führen und eine zentralistische Verwaltung aufziehen würden. Warum hat man dieser Entwicklung nur mit dem Mittel der Minderheitenschutzverträge, die dann nach allen Regeln der Kunst umgangen wurden und nie eine „regulative Systemwirkung“ ausgeübt haben,[14] vorgebeugt?

b) Die Schwierigkeiten der Durchführung

Die subjektiven und objektiven Schwierigkeiten, die Verhältnisse in den zerfallenden Vielvölkerreichen für eine dauerhaftere Zukunft zu regeln, waren zahlreich, fast übermächtig. Zunächst einmal hatten diese Reiche in ihrer Nationalitätenpolitik ehedem selbst Fehler begangen, die sich nun an ihnen rächten. Man darf ja die Vorschläge eines Jellinek, eines József von Eötvös, eines Adolf Fischhof, eines Franz Ferdinand usw. nicht mit der Wirklichkeit verwechseln. Diese kam dem im Schlagwort vom Völkergefängnis oder Nationalitätenkerker zum Ausdruck kommenden Zustand vielfach sehr nahe, nicht eigentlich im zisleithanischen Österreich, aber um so eher in der ungarischen Reichshälfte, wo eine rücksichtslose

[13] Lemberg, Nationalitätenfrage, S. 144.
[14] Schulz, Revolutionen und Friedensschlüsse, S. 240.

Magyarisierungspolitik getrieben wurde; auch nicht so sehr im osmanischen Reich (wo eine verhältnismäßig liberale Nationalitätenpolitik, aber eine um so härtere Steuerpolitik geführt wurde) als vielmehr im zaristischen Rußland, in dem besonders nach 1863 brutal russifiziert wurde. Die inhumanen Nationalisierungsversuche ließen die betroffenen Völkerschaften auf ein für den Gegner siegreiches Kriegsende hoffen, da nur so ein Weg zur Befreiung von nationaler Unterdrückung sich zu öffnen schien. Und psychologisch betrachtet ist es eine nicht unübliche Erscheinung, wenn der Unterdrückte nach seiner Befreiung seinerseits den Unterdrücker drangsaliert, wie es in mehr oder minder großem Umfang in allen neuen Staaten Ostmitteleuropas (mit Ausnahme von Estland) dann tatsächlich der Fall war.

Dieses Kompensationsbedürfnis übertrug sich, genährt durch die vergröbernde und entstellende Kriegspropaganda, auch auf die Vertreter der siegreichen Großmächte in Paris und beeinflußte deren Ordnungsvorstellungen. Eines der beredtesten Zeugnisse in dieser Hinsicht ist der Bericht Harold NICOLSONS, der schreibt, daß nicht der Gedanke an „Österreich“, „Ungarn“, „Bulgarien“ oder „die Türkei“ die Überlegungen der Friedensdelegationen beherrschte[15]: “It was the thought of the new Serbia, the new Greece, the new Bohemia, the new Poland which made our hearts sing hymns at heaven’s gate.” Die Pariser Konferenz könne niemals richtig verstanden werden, wenn diese Gefühlsregungen nicht in jedem Stadium mitberücksichtigt würden. Durch die Mantoux-Protokolle ist das für diesen Zusammenhang bezeichnende Wort Clemenceaus überliefert[16]: « Rien ne se fait que par l’émotion. »

Die Friedensmacher von 1919 standen anders als diejenigen von 1856 und 1878 am Ende eines totalen Krieges, in dem die „öffentliche Meinung“ mobilisiert worden war, die nun in der Stunde des Sieges ihren Tribut forderte. Winston CHURCHILL hat diesen Zusammenprall von Staatsräson und

[15] Nicolson, Peacemaking, S. 33.

[16] Mantoux, Délibérations I, S. 124.

Friedensverantwortung einerseits und einer beispiellosen Entfachung von Massenleidenschaften und ihrer Rückwirkung auf das politische Kalkül andererseits a "turbulent collision of embarrassed demagogues" genannt.[17]

Die von Wilson und der öffentlichen Meinung erhobene Forderung auf Abschaffung der Kabinettspolitik und -diplomatie sowie ihre Ersetzung durch eine „demokratische Diplomatie" führten zu einem Dilemma: Einerseits mußte es unumgänglich erscheinen, nach einem Krieg, in dem 70 Mio. junge Männer unter den Waffen gestanden hatten, in dem 10 Mio. gefallen und 30 Mio. verwundet worden waren,[18] die Forderungen der Massen und Völker zu berücksichtigen und die große Politik nicht mehr in der Art der Areopage von 1815, 1856 und 1878 in einem undurchdringlichen Kabinett führen und bestimmen zu lassen. Andererseits bestand unter einer „demokratisierten" Politik und Diplomatie die große Gefahr — und ihr sind die Staatsmänner in Paris nicht entgangen —, daß diese Staatsmänner sich gezwungen fühlen würden, „den Standard ihres eigenen Denkens dem Niveau anderer anzupassen". Churchills Wort von den Demagogen deutet indes darauf hin, daß der psychologische Zugzwang der öffentlichen Meinung, unter dem die Staatsmänner gestanden hätten, nicht verabsolutiert werden darf: Die öffentliche Meinung ist in der Propaganda während des Krieges von ihnen mitgeschaffen worden. Insofern als sie die Geister, die sie gerufen, nicht mehr loswurden, haben sie das Gesicht des Friedens schon im Kriege in mancher Hinsicht vorgeformt.

Bedeutet dieser Hinweis, daß die Fähigkeit der Massendemokratien des 20. Jahrhunderts, dauerhafte Friedensfundamente zu bauen, geringer zu veranschlagen ist als die entsprechende Staatskunst der Kabinettspolitiker früherer Zeiten? Zunächst ist zu betonen, daß die endgültigen Entscheidungen in Paris, wenn auch vielfältig beeinflußt durch den Druck von außen und von unten, in dem engen Kreis des Viererrats — im Kabinett der Residenz Wilsons am Place des Etats-Unis getroffen wurden.

[17] Churchill, The World Crisis V, S. 120.

[18] Die Zahlenangaben bei Nicolson, Peacemaking, S. 58. Sie entsprechen den auch sonst zu ermittelnden Zahlen (vgl. z. B. Statistisches Jahrbuch für das Deutsche Reich 44 [1924/25] S. 24—27). — Das folgende Zitat ebenda S. 64.

Gerade ein Wilson mit seiner Forderung der "open covenants of peace, openly arrived at" ist nach den ersten Mammutsitzungen der Vollversammlung und selbst nach den Sitzungen des Zehnerrats zu der Einsicht gekommen — wenn er dazu überhaupt der Pariser Erfahrung bedurfte —, daß auch unter einer demokratischen Staatsform die endgültigen fundamentalen Sachentscheidungen nur im kleinsten Kreise getroffen werden können. Und er war es schließlich, der glaubte, sich in autokratischerer Weise über die formulierte Meinung der Volksrepräsentanz — des amerikanischen Senats — hinwegsetzen zu können, als es Lloyd George und Clemenceau in der Zeit der Verhandlungen je getan haben.

Weiterhin ist zu betonen, daß trotz der Massivität der auf die Staatsmänner eindrängenden Einflüsse — wie sie in beeindruckender Weise von Arno Mayer und Pierre Miquel beschrieben worden sind, von den Aprilrevolten des englischen Parlaments und der französischen Kammer bis zu den zahlreichen Pressekampagnen und sozialen Unruhen — diese immer noch einen Handlungsspielraum besaßen, den sie auszunutzen wußten. So darf der Einfluß der in Deutschland seinerzeit berüchtigten englischen Khakiwahlen vom Dezember 1918 nicht derart interpretiert werden, daß dadurch Lloyd George, zum Teil selbstverschuldet, die Hände für die Friedensverhandlungen gebunden worden wären. Höchstens in der Reparationsfrage ist, worauf Ronald B. McCallum bereits 1944 nachdrücklich hingewiesen hat, der Einfluß der öffentlichen Meinung stark mitbestimmend gewesen. In den für die Verwirklichung des Selbstbestimmungsrechts der Völker wichtigen Territorialfragen sind die Vorentscheidungen, was Lloyd George schon in seinen Memoiren von 1938 angedeutet hat und was der kanadische Historiker Harold I. Nelson und zuletzt der englische Historiker Victor H. Rothwell nach umfassenden Quellenstudien erhärtet haben, bereits während des Krieges in den internen Kriegszielbesprechungen gefallen. Auch die amerikanischen Friedensvorstellungen sind in ihrem realistischen, pragmatischen Gehalt — sieht man einmal ab von ihrer idealistischen, propagandistischen Verbrämung in den Vierzehn Punkten — weitgehend durch die jetzt von Lawrence E. GELFAND untersuchten Expertengutachten der Inquiry 1917/18 vorentschieden worden.

Noch in der andersartigen Situation der Friedensverhandlungen haben Lloyd George und Clemenceau die öffentliche Meinung für ihre Zwecke zu manipulieren vermocht: Lloyd George gestand im Viererrat, daß er erst nach getroffener Kabinettsentscheidung das Parlament um seinen Rat fragen würde; denn wenn man Parlamente nicht mit fester Hand lenke, würden sie sich „wie disziplinlose Horden benehmen"[19]. Clemenceau benutzte die französische Presse, um Wilson in den Entscheidungen über Deutschland unter Druck zu setzen. Als Wilson die Konferenz zu sprengen drohte, indem er sein Schiff, die 'George Washington', aus Amerika herbeirief (analoge Momente gab es auch 1856 und 1878), war nicht nur der tote Punkt in der Saar- und Rheinlandfrage überwunden — es hörte auch auf Clemenceaus Geheiß die gegen Wilson gerichtete Pressekampagne auf.

Die neueren Studien über die 'öffentliche Meinung' haben indirekt sehr deutlich gemacht, daß die wissenschaftliche Diskussion um das Friedenswerk von 1919/20 fruchtbarer ist, wenn sie von der Ebene der Ethik, auf der sie sich in der Zwischenkriegszeit im allgemeinen abgespielt hat, in den Bereich der Sozialpsychologie übertragen wird; wenn nicht von Schuld und Sühne, von Helden und Unholden gesprochen wird, wenn nicht ständig Anklage und Gegenanklage erhoben werden, sondern wenn Massenleidenschaften, Friedenssehnsucht und Rachegefühle untersucht, Meutereien, Streiks und Massenkundgebungen, vor allem im Hinblick auf die politischen Entscheidungen, analysiert werden. Dann wird auch die das Friedenswerk von 1919/20 prägende Idee vom Selbstbestimmungsrecht der Völker unter neuen Aspekten betrachtet werden können.

[19] Mantoux, Délibérations I, S. 308—309. Vgl. Mayer, Politics and Diplomacy of Peacemaking, S. 692—93, 698. — Während Mayer dem Druck der 'öffentlichen Meinung' großes Gewicht beimißt, kommt Miquel, der allerdings nur die Presse als eine Komponente der 'öffentlichen Meinung' untersucht, zu dem Ergebnis (La paix der Versailles S. 563): « La presse, comme le Parlement, avait capitulé. »

Neben den psychologischen und massenpsychologischen Einflüssen, die zu folgenreichen Verbiegungen des Selbstbestimmungsrechts geführt haben, muß auf ein Moment hingewiesen werden, das auch die meisten anderen großen Probleme des Friedenswerkes von 1919/20 mitgeformt hat: auf die Organisation der Pariser Konferenzen. Die Pariser Friedenskonferenzen waren die organisatorisch am mangelhaftesten aufgezogenen Friedensverhandlungen des 19. und 20. Jahrhunderts.

Der Berufsdiplomat Harold NICOLSON hat besonders auf diesen Aspekt und seine Bedeutung für die Solidität des Friedenswerkes hingewiesen. In einem im Zweiten Weltkrieg, 1943, geschriebenen Vorwort zu seiner 1933 erschienenen Schrift ›Peacemaking 1919‹ hat er in zwölf klugen Thesen, die er den Friedensmachern nach Beendigung des Krieges zur Beherzigung empfahl, die Lehren aus den organisatorischen Fehlern von 1919 gezogen. In bezug auf die nach dem Selbstbestimmungsrecht zu entscheidenden Territorialfragen des Donauraumes bedauert er das Fehlen eines Organs der Konferenz, das die Arbeit der zahlreichen Territorialausschüsse koordiniert hätte. So habe zwar ein rumänischer Ausschuß fungiert, der sich um die rumänische Grenze in Siebenbürgen und im Banat, ein tschechischer, der sich um die Südgrenze der Slowakei gekümmert habe, aber kein ungarischer, der auf die Gefahr hätte hinweisen können, zu viele Ungarn entgegen dem Selbstbestimmungsrecht unter die Herrschaft der neuen Staaten zu stellen.

Konfliktstoffe für die Zukunft wurden also in solchen Fällen nicht aus Böswilligkeit oder Kurzsichtigkeit, sondern aus mangelnder Planung und Koordinierung geschaffen. Dieser Gesichtspunkt organisatorischer Schwäche kann hier nicht näher ausgeführt, seine Bedeutung für die Lebensfähigkeit des Friedenswerkes von 1919 muß aber mit Nicolson und Frank S. MARSTON, die ihn am gründlichsten untersucht haben, nachdrücklich hervorgehoben werden.[20]

[20] Vgl. neuerdings Hankey, The Supreme Command, S. 21—29. Hankey war Sekretär der britischen Delegation in Paris und später

Die objektiven Schwierigkeiten für eine dauerhafte Verwirklichung des Selbstbestimmungsrechts lagen, wie der Friedensschluß von San Stefano schon gezeigt hatte, in den siedlungsgeographischen und siedlungssoziologischen Gegebenheiten des Balkan- und des ostmitteleuropäischen Raumes. Die Wanderungsvorgänge, Peuplierungs- und Kolonisationsunternehmungen der voraufgegangenen Jahrhunderte hatten allenthalben zu einem Durcheinanderwohnen und -siedeln geführt, das jedwede Grenzziehung nach dem Selbstbestimmungsrecht zu einer Quadratur des Zirkels werden lassen mußte. Die Einbeziehung von Minderheiten, also die Verletzung des Selbstbestimmungsrechts, mußte durch wirtschaftliche, historische oder strategische Notwendigkeiten — die 'Lebensfähigkeit' der neuen Staaten, wie es zumeist hieß — begründet und gerechtfertigt werden. Daß ihre Bestimmung willkürlich war und im Zweifelsfall zuungunsten des Besiegten oder Schwächeren ausfiel, schuf wiederum neuen Konfliktstoff an Stelle des alten.

Besonders schwierig und im Ausgang oft tragisch war die Durchführung des Selbstbestimmungsrechts in Regionen, in denen Stadtgebiete und die umliegenden Landzonen von unterschiedlichen Volksgruppen besiedelt waren. So hatten Fiume eine italienische, Wilna eine polnische, Smyrna eine griechische Majorität, während das Umland in erster Linie jeweils von serbokroatischer, litauischer und türkischer Bevölkerung bewohnt war. Auch war die Sprache nicht immer das Kriterium für das Zugehörigkeitsgefühl einer Volksgruppe, wie die Plebiszite von Allenstein und Marienwerder zeigten, wo die polnisch sprechenden Masuren für Deutschland, oder im Klagenfurter Becken, wo die slowenisch sprechende Bevölkerung für Österreich votierten.

Kann angesichts der genannten Schwierigkeiten gesagt werden, daß durch die Pariser Friedensverträge das Selbstbestimmungs-

Sekretär des Viererrats, der die Sitzungsprotokolle verfaßte. Vgl. über ihn jetzt die Biographie von Roskill, Hankey. Eine gute Quelle über die Interna sind die kürzlich veröffentlichten Briefe und Tagebuchauszüge von Headlam-Morley, A Memoir of the Paris Peace Conference. Headlam-Morley war Historiker, 1919 in der britischen Friedensdelegation mit Nachrichtenfragen und mit den Territorialfragen des Versailler Vertrages befaßt. — Die soeben erschienene Geschichte des Viererrates von Elcock, Portrait of a Decision, sowie die Arbeit von Kitsikis, Le rôle des experts, konnten hier nicht mehr verwertet werden.

recht der Völker so weit verwirklicht worden ist, als es unter den gegebenen Umständen überhaupt möglich war? Lloyd George hat in seinen Memoiren behauptet, daß die Verträge „das größte Maß der Befreiung unterdrückter Völker, das jemals durch einen Friedensschluß erreicht wurde", enthalten hätten.[21] Der amerikanische Historiker Paul Birdsall, der wohl die beste unter den bisherigen Gesamtdarstellungen über die Friedensordnung von 1919/20 geschrieben hat, kommt in ähnlicher Weise zu dem Schluß, daß die territorialen Regelungen als „die am weitesten bislang erreichte Entsprechung der ethnographischen Karte Europas" anzusehen seien.[22]

Daß die Pariser Verträge das Selbstbestimmungsrecht der Völker einseitig auf Kosten der Besiegten verwirklichten, ist nach dem Gesagten zumindest verständlich und muß die Behauptung Lloyd Georges und Birdsalls noch nicht wesentlich einschränken. Die Unterordnung des Selbstbestimmungsrechts unter andere Gesichtspunkte — etwa unter die « viabilité » der neuen Staaten oder, wie im Fall des Anschlußverbots für Österreich, unter das traumatische Sicherheitsbedürfnis Frankreichs — zeigt nur, daß eine derart umfassende Friedensidee nie rein verwirklicht werden kann. Die 'Macht der Verhältnisse' hat schon immer solche Ideen in ihrer Wirksamkeit beeinträchtigt. Das über dem Westfälischen Frieden stehende Prinzip der Souveränität etwa hat für die deutschen Fürsten nie absolute Bindungslosigkeit gegenüber Kaiser und Reich bedeutet. Das den Utrechter Frieden und die Wiener Kongreßordnung prägende Gleichgewichtsprinzip hat, so sehr man auch um seine mechanische Bestimmung bemüht war, nie bedeutet, daß jede der Großmächte über ein absolut gleiches Maß an Macht verfügte. Es glich in der Wirklichkeit immer einem schwebenden Balanceverhältnis, das ständige Veränderungen zuließ. Das Prinzip der territorialen Integrität der Türkei, das den Pariser Frieden von 1856 beherrschte, schloß die vielfältige (politische, ökonomische, kul-

[21] Lloyd George, Truth II, S. 751.

[22] Birdsall, Versailles, S. 9.

turelle) Einflußnahme Europas auf die Türkei in der Praxis nicht aus.

Die Forschung hat auch inzwischen erkannt, daß die Selbstbestimmungsidee nicht nur in Lenins Revolutionsvorstellungen, sondern auch in Wilsons Programm einer „amerikanischen Weltrevolution“ (Erwin HÖLZLE) einen instrumentalen Charakter hatte und nicht allein ein Ziel an sich war.

Lenin hatte schon frühzeitig erkannt, daß die Nutzbarmachung nationaler Konflikte für das Ziel der Weltrevolution durchschlagender sein konnte als die Erweckung des revolutionären Bewußtseins im Proletariat. Unmittelbar nach dem bolschewistischen Friedensdekret vom 8. November 1917 präzisierte er seine Konzeption des Selbstbestimmungsrechts dahin, daß es auch das Recht der Sezession aus dem bisherigen Staatsverband einschließe. Gleich danach, während der Friedensverhandlungen von Brest-Litovsk, ließ er aber auch keinen Zweifel daran, daß dieses Recht den Interessen des Sozialismus untergeordnet sei. In den europäischen Kolonialreichen in Afrika und Asien sollte die Propagierung des Selbstbestimmungsrechts, wie ein Aufruf Trockijs vom 29. Dezember 1917 klarmachte, als Sprengmittel gegen die Herrschaft der Kolonialmächte dienen. Der zum Volkskommissar für die Nationalitäten ernannte Stalin erklärte auf dem 3. Gesamtrussischen Sowjetkongreß vom Januar 1918, das Selbstbestimmungsrecht dürfe nicht als das Selbstbestimmungsrecht der Bourgeoisie mißverstanden werden, sondern sei das den arbeitenden Massen einer gegebenen Nation zustehende Recht und müsse dem Kampf für den Sozialismus untergeordnet werden.

Die bolschewistische Praxis entsprach diesen theoretischen Vorüberlegungen. Nachdem sich innerhalb eines Jahres, zwischen dem 6. Dezember 1917 (Finnland) und dem 5. Dezember 1918 (Kuban-Gebiet), elf Völkerschaften Rußlands als unabhängig erklärt hatten, wurden diese Sezessionen im Laufe des Bürgerkriegs mit Ausnahme derjenigen an der Westgrenze nach einem fast gleichartigen Schema (Herbeirufung der Roten Armee durch eine bolschewistische Gruppe innerhalb der unabhängigen Republik) wieder rückgängig gemacht.

Bei Wilson waren die Konsequenzen des Selbstbestimmungsrechts weniger klar durchdacht oder zumindest weniger klar formuliert als bei Lenin und Stalin. Seine geistige Auseinandersetzung mit der Idee ist von den einschlägigen bolschewistischen Verlautbarungen eindeutig beeinflußt und vorangetrieben worden. Es ist ein gesichertes Ergebnis der Forschung (Günter Decker, Paul Kluke, Erwin Hölzle, George F. Kennan u. a.), daß die Formulierung der das Selbstbestimmungsrecht einschließenden Vierzehn Punkte vom 8. Januar 1918 vom bolschewistischen Friedensprogramm der voraufgegangenen Wochen veranlaßt worden ist. Die Ziele, die Wilson mit ihrer Verkündigung verfolgte, waren durchaus pragmatischer Art. Der Präsidentenberater William C. Bullitt faßte sie in einem Memorandum vom 5. Januar 1918 folgendermaßen zusammen[23]: "To arouse the German people to gain control of their government; to unite Russia against the German Government; to place the war aims of the United States and the Allies on the most liberal and lofty plane." Aus dem zweiten und dritten Motiv geht die überragende Bedeutung des Faktors Rußland hervor: In den Wochen der Friedensverhandlungen von Brest-Litovsk sollte das russische Volk von einem Friedensschluß mit Deutschland abgehalten und zum Wiedereintritt in den Krieg an der Seite der Alliierten veranlaßt werden; durch die Verkündigung der Vierzehn Punkte sollte die von dem bolschewistischen Friedensprogramm heraufbeschworene Gefahr, daß sich die liberalen und linken Kräfte mehr und mehr von Wilsons eigenem Friedensprogramm ab- und dem bolschewistischen zuwenden würden, gebremst werden. Das erste Motiv macht deutlich, daß in Wilsons Verständnis das Selbstbestimmungsrecht in erster Linie innenpolitische und nicht außenpolitische Bedeutung hatte: Das deutsche Volk übt Selbstbestimmung aus, indem es sich von seinem 'autokratischen' Regime trennt und sich eine parlamentarisch-demokratische Regierungsform schafft.

Es ist bemerkenswert, daß Wilson in den Vierzehn Punkten das

[23] Zitiert bei Schwabe, Deutsche Revolution, S. 45, Anm. 9.

Selbstbestimmungsrecht als außenpolitisches Prinzip auch gar nicht ausdrücklich nannte, sondern nur von dem Recht jedes Volkes sprach "to [...] determine its own institutions", womit das Recht auf Bestimmung der eigenen Staatsform, nicht der nationalen Zugehörigkeit gemeint war. Allerdings taucht in den späteren öffentlichen Erklärungen Wilsons der Begriff "national self-determination" hin und wieder auf, aber doch höchst selten im Vergleich zu Begriffen wie "government by consent of the governed", "self-government on democratic principles".

Natürlich fehlte das nationale Selbstbestimmungsrecht als außenpolitisches Prinzip in Wilsons Friedensprogramm nicht, aber es nahm doch in der Hierarchie der Friedensziele keinen überragenden Platz ein. Dieser Umstand wird nochmals zu betonen sein, wenn von dem Unterschied im Wilson-Bild in der heutigen Forschung zum Wilson-Bild der zwanziger Jahre zu sprechen ist. Die Einsicht, daß die Selbstbestimmungsidee kein absolutes außenpolitisches Prinzip ist — wenn es auch nicht durchgehend den strengen Relativitätsgrad der bolschewistischen Konzeption hat —, macht es erst verständlich, daß in den Vierzehn Punkten von der Rückgliederung Elsaß-Lothringens an Frankreich ohne vorherige Volksabstimmung und von freiem Zugang Polens zur See durch notwendigerweise deutsches Siedlungsgebiet die Rede ist. Sie erklärt ferner Wilsons Widerstreben, die unabhängigen Randstaaten des russischen Reiches de jure, selbst de facto — von Polen und Finnland abgesehen — anzuerkennen.[24] Sie erklärt schließlich auch den zunächst paradox erscheinenden Umstand, daß Lloyd George während der Pariser Friedensverhandlungen sich bei der Festlegung der deutschen Ostgrenze scheinbar wilsonistischer als Wilson verhielt, als er dem widerstrebenden Präsidenten eine Volksabstimmung in Oberschlesien und den Freistadt-Status für Danzig geradezu abringen mußte.

Aber auch Lloyd George selbst — und das führt auf die Frage zurück, ob denn die Pariser Verträge das höchstmögliche

[24] F. T. Epstein (Russische Frage S. 455—56) hat als Motiv dafür das wirtschaftliche Interesse der USA an einem großen einheitlichen Rußland und das politische Interesse an einem starken, als Gegengewicht gegen Japan im Fernen Osten dienenden Rußland herausgeschält. — Erdmann (Die Zeit der Weltkriege, S. 139—140, 196—197) weist neuerdings mit Hilfe der Mantoux-Protokolle zu Recht darauf hin, daß sich Wilson der Konkurrenz der Begriffe "consent of the governed" und Selbstbestimmung nach außen wohl bewußt war.

Maß an verwirklichtem Selbstbestimmungsrecht darstellen — hat dem Selbstbestimmungsrecht stets auch eine dienende Funktion zuzuschreiben vermocht. Sein Einsatz für eine Milderung der Bestimmungen über die deutsche Ostgrenze war nicht selbstlos. Die Motive gehen aus dem Memorandum, das er am 25. März 1919 in Fontainebleau verfaßt[25] und am 27. März im Viererrat vorgelegt hat — es ist der Ausgangspunkt der englischen Appeasement-Politik der Nachkriegsjahre bis München 1938 — deutlich hervor: In psychologischer Hinsicht warnt er darin vor einer Wiederholung des Frankfurter Friedens von 1871, da die Abtrennung deutscher Gebiete viele Elsaß-Lothringen schaffen und entsprechende Revanchegefühle hervorrufen würde; nationalpolitisch hält er die Unterstellung einer großen deutschen Volksgruppe unter polnische Herrschaft für einen nahezu sicheren Kriegsgrund in der Zukunft; in bezug auf die revolutionäre Situation in Europa befürchtet er bei zu harter Behandlung Deutschlands ein deutsch-russisches Zusammengehen unter revolutionärem Vorzeichen. Über diesen drei Gründen steht als Hauptmotiv die Sorge um das europäische Gleichgewicht: Die Herabdrückung Deutschlands auf eine Macht minderen Status bedeutet, zumal angesichts des Wegfalls des österreichisch-ungarischen Machtfaktors, eine friedensgefährdende Machtentleerung des mitteleuropäischen Raumes und erzeugt einen entsprechenden Machtsog vom Westen oder vom Osten her, das heißt französisches oder (deutsch-)russisches Hegemoniestreben.

Schon während des Krieges hatte England das Selbstbestimmungsrecht der Völker als Mittel der Kriegführung zur Schwächung des Gegners erkannt und eingesetzt, wie Lloyd George freimütig in seinen Memoiren mit Bezug auf den arabischen und tschechischen Nationalismus beschreibt:[26] „Es wurde entdeckt, daß die Stärke des Feindes untergraben werden konnte, wenn man die Unzufriedenheit der unterworfenen Völkerschaften ausnützte."

[25] Text: Lloyd George, Truth I, S. 404—416. Über die Auslassungen dieses Abdrucks vgl. Mayer, Politics and Diplomacy of Peacemaking, S. 580—84.

[26] Lloyd George, Truth II, S. 775.

Dieses Mittel der Revolutionierung der Völkerschaften in den übernationalen Reichen hatte England bereits während des Krimkrieges zur Schwächung Rußlands anzuwenden versucht. Die dahingehenden geradezu abenteuerlich anmutenden Pläne Palmerstons wurden durch den frühzeitigen Pariser Frieden vereitelt, und zwar durch die in wohlerwogenem Eigeninteresse unermüdlich erhobenen Friedensforderungen der österreichischen Politik, die dadurch eine mit dem Gleichgewichtsprinzip unvereinbare Dekomposition Rußlands, die Revolutionierung und den Zusammenbruch des eigenen Reiches und damit den Weltenbrand verhindert bzw. diesen um zwei Generationen hinausgeschoben hat. Die Völkerrevolutionierung wurde auch von Napoleon III. in Form der Nationalitätenpolitik — zum eigenen Schaden — betrieben. Bismarck nahm sie als Ultima ratio im Krieg gegen Österreich 1866 in sein Kalkül auf. Die russische Politik wandte sie im 19. Jahrhundert in wechselnden Formen gegen den türkischen Erbfeind an. Die deutsche Politik versuchte sie im Ersten Weltkrieg gegen Rußland einzusetzen. Also alle Großmächte mit Ausnahme Österreichs haben sich im Laufe des Jahrhunderts nach dem Wiener Kongreß ihrer bedient. Ist nicht die Frage berechtigt, daß die nationalistische Flamme ohne diese Anfachung durch die Großmächte den europäischen Kontinent weniger verheerend heimgesucht hätte?

Hinsichtlich der englischen Revolutionierungspolitik während des Weltkrieges und der Auswirkungen des Selbstbestimmungsprinzips auf das Pariser Friedenswerk wird wiederum an das Wort zu erinnern sein, daß man die Geister, die man gerufen, nicht mehr loswurde. Die fatalen Ergebnisse bei der Handhabung des Selbstbestimmungsprinzips sind demnach zu einem — gewiß nicht exakt bestimmbaren — Teil von den Großmächten unter Einschluß Deutschlands selbstgeschaffen oder doch präformiert worden. Die oben zitierten Urteile Lloyd Georges und Birdsalls, mit denen sich viele Forscher identifizieren, sind unter diesem Gesichtspunkt einzuschränken.

Man wird weiter die damit zusammenhängende Frage stellen müssen, ob es unter allen Umständen nötig war, den Staaten Südost- und Ostmitteleuropas Minderheiten von einem Umfang von 25—30 oder, wenn man die außerhalb Deutschlands lebenden Deutschen, denen das Selbstbestimmungsrecht versagt blieb, einbezieht, von rund 40 Mio. zu belassen. Sie ist schwierig zu beantworten, zumal ein Mehr oder Weniger von einigen Millionen den Gesamtcharakter der Fragmentierung „Zwischeneuropas“ nicht grundlegend verändert haben würde. Von österreichischen und deutschen Historikern ist immer wieder darauf hingewiesen worden, daß an die Stelle der Vielvölkerreiche nicht Nationalstaaten, sondern Nationalitätenstaaten getreten, die alten Probleme also durch analoge neue ersetzt worden seien.

Allein schon die Zahlen der Bevölkerungsstatistik lassen eine *Gleichsetzung* der Verhältnisse vor und nach 1918/19 nicht ohne weiteres zu. In den großen Reichen stellte das Herrenvolk jeweils eine Minderheit dar, in den neuen Staaten bildete das Staatsvolk mit Ausnahme Jugoslawiens und einiger russischer Randstaaten jeweils eine Mehrheit: Die Türkei zählte 1914 34,7 Mio., 1923 13,4 Mio. Bevölkerung; das heißt die Türken machten (es sind für 1923 noch die Minderheiten der Armenier und Kurden zu berücksichtigen) rund 1/3 der Gesamtbevölkerung aus. Im zisleithanischen Österreich entfielen 1910 auf die Deutschösterreicher ebenfalls nur rund 1/3 (10 Mio. von 28,6 Mio.). Deutschösterreicher und Ungarn zusammen bildeten mit ihren 22 Mio. auch nur knapp 43 % der Gesamtbevölkerung (52 Mio.). Ebenso stellten die Großrussen mit 55 Mio. gegenüber den 73 Mio. Nichtrussen (einschließlich Klein- und Weißrussen) im Zarenreich nur 43 % der Gesamtbevölkerung (1897). Demgegenüber machten — um nur einige Beispiele zu nennen — die Tschechen in der neuen Tschechoslowakei 1921 50 % (6,8 Mio. gegenüber 6,8 Mio. andere Volksgruppen), mit den Slowaken zusammen 2/3 (8,7 Mio. = 64 %) der Gesamtbevölkerung aus. Rumänien zählte 1925 25 % Minoritäten. In Polen erreichten die Minderheiten rund 1/3 (nach polnischen Berechnungen 31 %, nach anderen bis zu 40 %) der Gesamtbevölkerung. In Jugoslawien allerdings stellte das Staatsvolk der Serben nur etwas mehr als 1/3 (1921: 4,5 Mio. von 12,5 Mio.) der Bevölkerung dar.

Von einem Fortbestehen der vor 1918 gegebenen ethnischen Verhältnisse kann also im strengen Sinne nicht gesprochen werden. Österreich und Ungarn waren sogar diejenigen unter den neuen Staaten, die einen hohen Homogenitätsgrad erreicht hatten. Aber es ist auch unbestreitbar, daß, wenn auch in anderem

Umfang, alte nationale Konflikte fortbestanden, ja sogar neue hinzugekommen waren. So ist errechnet worden, daß auf dem Gebiet der österreichisch-ungarischen Monarchie vor 1918 neun nationale Probleme, nach 1918 dagegen siebzehn Minderheitenprobleme bestanden haben. Daß der vom Völkerbund geschaffene Minderheitenschutz vom administrativen Zentralismus der neuen Staaten und durch die vor allem auf dem Wege der Bodenreform betriebene Assimilationspolitik überspielt wurde, ist bereits erwähnt worden. Deshalb ist nicht zu Unrecht gesagt worden, daß die Zentralisation gegenüber dem „alten österreichischen Schlendrian" sich häufig als Vergewaltigung ausgewirkt habe[27] und daß die in der Praxis mitunter immer noch milde Nationalitätenpolitik in den Nachfolgestaaten weit mehr auf die nachwirkende österreichische Verwaltungspraxis als auf den Schutz durch die Minderheitenverträge zurückzuführen war (Eugen LEMBERG).

c) Die Neugestaltung des Donauraumes

Bejaht man die Neuordnung der Verhältnisse in Südost- und Ostmitteleuropa nach 1919 im Prinzip, das heißt, gibt man zu, daß den Friedensmachern angesichts der genannten vielfältigen Schwierigkeiten keine echte Alternative praktikabel erscheinen konnte, wird man ihnen höchstens anlasten können, daß sie eine Reihe vermeidbarer Härten in den Einzelbestimmungen über die Nationalitätenprobleme geschaffen, daß sie unreflektiert den Vorstellungen der oft blind nationalistischen Vertreter der neuen Staaten nachgegeben, die Warnungen und Vorbehalte der Unterlegenen dagegen einfach beiseite geschoben haben. Aber es ist doch auch eine Alternative diskutierbar: wenn man nämlich das Problem von der nationalen und ethnischen Ebene auf die (welt-)politische und wirtschaftliche verlagert. Die Vertreter beider Auffassungen lassen sich, grob gesehen, um die Begriffe

[27] Muralt, Versailles, S. 51.

'Zerfall' und 'Zerschlagung' der Donaumonarchie gruppieren. Die Auffassung, daß die Monarchie in erster Linie durch Einflüsse von außen untergegangen sei, überwog in der politischen und historischen Auseinandersetzung der Jahrzehnte nach 1919. Die umgekehrte Auffassung, daß sie von innen her sich aufgelöst habe, dominiert die heutige Diskussion.

Der österreichische sozialdemokratische Politiker Otto Bauer hat in seinem 1923 erschienenen Buch ›Die österreichische Revolution‹ für den Untergang der Donaumonarchie im wesentlichen zwei äußere Einwirkungen verantwortlich gemacht: die russische Revolution und die deutsche militärische Niederlage. Jene habe die Unabhängigkeitsbestrebungen der einzelnen Nationalitäten erst möglich, diese habe ihren Erfolg sicher gemacht. Kein geringerer als Winston Churchill hat „die Auflösung der Österreichisch-Ungarischen Monarchie durch die Verträge von St.-Germain und Trianon“ als „die Kardinaltragödie“ des Friedenswerkes bezeichnet. Emphatisch beklagte er die „Balkanisierung“ Südosteuropas[28]: "There is not one of the peoples or provinces that constituted the Empire of the Habsburgs to whom gaining their independence has not brought the tortures which ancient poets and theologians had reserved for the damned."

Obwohl in der Bezeichnung Tragödie ein gut Teil Fatalismus mitschwingt, hat Churchill diese Entwicklung doch nicht für absolut unausweichlich gehalten; er selbst hat versucht, die als Verhängnis erkannte Fragmentierung teilweise rückgängig zu machen: Auf der Konferenz von Teheran 1943 schlug er eine Föderation der verschiedenen Donauländer unter Einschluß Österreichs und Süddeutschlands vor. In unseren Tagen hat der Historiker Georg Kotowski die „Zerschlagung der Habsburgermonarchie“ als eine historische Entscheidung bezeichnet, die schlimmer gewesen sei als die Behandlung Deutschlands durch den Versailler Vertrag[29]: „Wenn man Deutschland [...] entmachtete, mußte man wenigstens das Habsburgerreich stärken, um eine Ordnungsmacht im Osten aufrechtzuerhalten.“ In der nordamerikanischen Geschichtsschreibung macht sich seit einigen Jahren geradezu eine Renaissance von Habsburg-Studien bemerkbar,[30] in denen der Blick von den Problemen der

[28] Churchill, The Second World War I, S. 9.

[29] Kotowski, Die Weimarer Republik, S. 171.

[30] Ein besonderes Kennzeichen dafür ist die Gründung (1965) der Zeitschrift ›Austrian History Yearbook‹. Vgl. z. B. Bd. 3, der unter

zentrifugalen Nationalitätenbestrebungen weg auf die völkerverbindende Aufgabe und die kulturelle Mittlerstellung des Donauraums zwischen West und Ost gelenkt wird. Dadurch versucht man, auch dem Selbstverständnis der die Monarchie zusammenhaltenden Kräfte einen historischen Sinn zuzusprechen und die Zukunftsträchtigkeit des „Föderalismus im Donauraum“ (Rudolf WIERER) anzuerkennen.

Doch die dominierende Auffassung der internationalen Forschung heute ist, daß der Zerfall der Monarchie wegen der inneren Gebrechen unaufhaltsam gewesen sei. In den Titeln vieler neuerer Darstellungen kommt diese Grundtendenz bereits deutlich zum Ausdruck: der Engländer Zbyněk A. B. ZEMAN spricht vom "Break-up of the Habsburg Empire" (die deutsche Übersetzung spricht richtig vom „Zusammenbruch“, nicht von der in dem Begriff auch enthaltenen „Zertrümmerung“); in den Werken der Amerikaner Victor S. MAMATEY und Arthur J. MAY finden sich die Bezeichnungen "Dissolution of Austria-Hungary", "The Passing of the Hapsburg Monarchy"; und der Pole Henryk BATOWSKI überschreibt ein Buch ›Rozpad Austro-Węgier 1914—1918‹ [›Der Zerfall Österreich-Ungarns‹].

Zeman etwa stellt nach seiner Analyse eindeutig fest, daß die Behauptung, die Alliierten hätten die Donaumonarchie im Oktober 1918 oder gar erst während der Friedensverhandlungen aufgelöst, „ohne Substanz“ sei. Ebenso apodiktisch erklärt Mamatey, es sei eine Tatsache, daß die Monarchie lange vor den Konferenzberatungen in Paris sich aufgelöst habe. Die Diplomaten hätten dem Fait accompli nur das Siegel des Vertrages aufgedrückt, hätten es „legalisiert“. Fritz FELLNER sieht „ein gewisses Maß von historischem Determinismus“ in der von ihm als „konservativ“ bezeichneten Auffassung, „daß die Habsburgermonarchie eine historische Notwendigkeit als Ordnungselement des zentraleuropäischen Raumes dargestellt habe“ [31].

dem Thema steht: ›The Nationality Problem in the Habsburg Monarchy in the Nineteenth Century: a Critical Appraisal‹. Neben dem Nationalitätenproblem erfreut sich die Metternich-Forschung eines besonderen Aufschwungs in den USA.

[31] Fellner, Der Zerfall der Donaumonarchie, S. 33—34. — Der

Wird man gerade dieser Beurteilung entgegenhalten müssen, daß auch die umgekehrte Auffassung, die den Zusammenbruch als unaufhaltsam und 'naturnotwendig' ansieht, in hohem Grade deterministisch ist, so liegt zweifellos eine Reihe gewichtiger Gründe vor für die Meinung, die Friedensmacher hätten einen gegebenen Zustand lediglich sanktioniert. In bezug auf den Nationalitätenhader als Desintegrationselement wird von Kennern immer wieder auf die verhängnisvolle Rolle des ungarischen Nationalismus hingewiesen. Nach Heinrich BENEDIKT hat das Lebensgesetz des ungarischen Herrenvolkes „die Erhaltung der dienenden Völker in ihren Schranken" erfordert.[32] An diesem ungarischen Lebensgesetz sei die Monarchie zugrunde gegangen. Ähnlich bezeichnen die beiden in der Monarchie geborenen, später in den USA lehrenden Historiker Robert A. KANN und Hans KOHN den Ausgleich von 1867, mit dem die große Chance einer Umwandlung des Reiches in eine monarchische Föderation gleichberechtigter, kulturell autonomer Völker verpaßt worden sei, als entscheidenden Rückschlag für die Überlebensfähigkeit der Monarchie.

Der Weltkrieg hat — das ist die Opinio communis — den nationalen Separatismus außerordentlich stark begünstigt. Daneben ist der Auflösungsprozeß aber noch von anderen gewichtigen Faktoren vorangetrieben worden. Ein mächtiger Antrieb war der Tod Franz Josephs. Mit dem Kaiser fiel die letzte starke Klammer des Reiches fort. Beamtentum und Heer können von da ab nur mehr sehr bedingt als einigende Bande angesehen werden. Nach 1916 lief das Wort von der 'Monarchie auf Kündigung' um. Der Fortgang des Krieges erhitzte die sozialen und

Sammelband ›Die Auflösung der Habsburgermonarchie‹, in dem zahlreiche Vorträge vereinigt sind, die anläßlich des 50. Jahrestages der Auflösung der Donaumonarchie gehalten wurden, bietet einen guten Querschnitt durch die derzeitige Forschungslage. Vgl. besonders S. 236 bis 248 den Überblick v. R. John Rath über die amerikanische Historiographie über die Donaumonarchie. Ebenfalls in diesem Zusammenhang wichtig ist der Sammelband: Versailles — St.-Germain — Trianon.

[32] Benedikt, Die Monarchie des Hauses Österreich, S. 192.

wirtschaftlichen Probleme bis zum Siedepunkt. Der Hunger demoralisierte trotz der militärischen Erfolge vom Herbst 1917 und trotz des 'Brotfriedens' von Brest-Litovsk Armee und Bevölkerung: Die Desertionen stiegen in den ersten drei Monaten 1918 auf 200 000 Mann an, die Januarstreiks 1918 waren zum guten Teil bloße Hungerdemonstrationen.

Die Erforschung der sozialökonomischen Verhältnisse des Jahres 1918 in der Monarchie ist letzthin intensiv betrieben worden und hat die innere Auflösungsbewegung deutlicher gemacht.[33] Für die gesamte Weltkriegszeit fehlt es indes an entsprechender Aufarbeitung, obwohl die in den zwanziger Jahren erstellten, heute nicht gebührend berücksichtigten Studien der Carnegie-Stiftung bereits wertvolle Grundlagen gelegt haben. Für eine Gesamtbeurteilung liegt die Erforschung der sozialökonomischen Verhältnisse der Monarchie seit der zweiten Hälfte des 19. Jahrhunderts noch sehr im argen. Gewiß wird ihre Aufarbeitung nicht den Schlüssel für den Auflösungsprozeß und den Untergang bieten, aber doch entscheidende Aspekte des Gesamtphänomens erhellen können.

Als an der Desintegration mitwirkend ist neuerdings auch die Rolle Deutschlands erkannt worden. Einzeluntersuchungen Hajo Holborns, Hans Kohns, Gordon A. Craigs und zuletzt die

[33] Vgl. die Beiträge in ›Die Auflösung des Habsburgerreiches‹, S. 43 bis 82. Der Mangel an der Erforschung der quantitativen Aspekte der wirtschaftlichen und sozialen Bedingungen ist noch groß. Eine Zwischenbilanz der bisherigen Erforschung der wirtschaftlichen Verhältnisse der Franz-Joseph-Zeit bietet jetzt Matis, Österreichs Wirtschaft 1848—1913. Ebenda S. 448—474 eine ausführliche Bibliographie. Zu den im folgenden erwähnten Studien der Carnegie-Stiftung (Österreichisch-Ungarische Serie) vgl. die Liste in dem unten genannten Buch von Mitrany, The Effect of the War, S. 281—82. — Die Bedeutung der Nationalitätenfrage für die Lebensfähigkeit oder -unfähigkeit des Habsburgerreiches könnte durch die Analyse der sozialen Frage relativiert werden. Hat nicht das russische Reich nur deswegen überlebt, weil hinsichtlich der sozialen Frage ein morscher Bau durch ein neues Fundament und einen neuen Aufbau radikal ersetzt worden ist?

umfangreiche Studie von Gerard E. SILBERSTEIN haben auf die Belastung des deutsch-österreichischen Verhältnisses hingewiesen, die durch die politisch und psychologisch unkluge Behandlung Österreichs durch den deutschen Verbündeten hervorgerufen wurde. Deutschland sei eigentlich kein echter Partner gewesen, sondern habe sich als Vormund aufgespielt und dieses Abhängigkeitsverhältnis auch für die Nachkriegszeit aufrechterhalten wollen.[34]

Im Zusammenhang des politischen Aspekts muß nun noch die Frage gestellt werden, inwieweit die gegnerischen Mächte bewußt zum Untergang des Habsburgerreiches beigetragen haben. Die russische Politik hat, worauf Erwin HÖLZLE wiederholt hingewiesen hat, die Donaumonarchie aufspalten wollen; denn sie erklärte die Abtretung Bosniens, der Herzegowina und Dalmatiens an Serbien und die 'Befreiung' Böhmens zu ihren Kriegszielen. Diese Ziele konnten übrigens an Forderungen anknüpfen, die auf die orientalische Krise von 1875/78 (Panslawismus) und sogar bis auf den Krimkrieg (Propaganda Michail P. Pogodins) zurückgehen.

Englands entsprechende Kriegsziele haben lange geschwankt. Es ließe sich zwar auf Überlegungen des Foreign Office aus dem Herbst 1916 hinweisen, nach denen etwa die Zerschlagung der Doppelmonarchie und die Angliederung Deutsch-Österreichs an Deutschland vorgesehen war; ferner wäre an die Propaganda von einflußreichen Publizisten zu erinnern, wie Henry Wickham Steed und Robert W. Seton-Watson, die sich für die Sache der Balkanvölker begeisterten. Aber die Rücksicht auf die Möglichkeit eines Sonderfriedens mit Österreich-Ungarn hat England wie die USA lange mit ihrer desintegrierenden Propaganda zögern lassen. Diese setzte erst nach Brest-Litovsk und nach der

[34] Zu dem Buch Silbersteins und zu weiteren neueren Arbeiten zur Geschichte des Ersten Weltkriegs und der Friedensschlüsse vgl. den Forschungsbericht von F. T. Epstein, Neuere Literatur zur Geschichte der Ostpolitik. Ein Teil dieses Berichts ist jetzt auch in englischer Übersetzung abgedruckt bei F. T. Epstein, Germany and the East, S. 151—168. Vgl. jetzt auch ders., Die Periode von Brest-Litovsk.

Sixtus-Affäre voll ein. Die schon vorher enge Verbindung mit den Emigranten-Komitees, die Harry HÁNAK untersucht hat, und mit der Tschechischen Legion in Rußland wurde intensiviert, führte allerdings erst im Sommer und Herbst 1918 zur Anerkennung der Tschechoslowakei durch Frankreich, England und Amerika.

An einer Mitwirkung an der Auflösung Österreich-Ungarns durch die Gegner wird man demnach nicht zweifeln können, wenn auch die von innen kommenden destruktiven Kräfte wohl bestimmender gewesen sind. Darüber hinaus darf schließlich nicht die Wechselbeziehung zwischen der Einflußnahme von außen und der Bewegung im Innern vernachlässigt werden.

Wäre es realistisch, von den Friedensmachern von 1919 zu verlangen, sie hätten, um eine Reihe unschwer vorhersehbarer Konflikte in der Nachkriegszeit zu vermeiden, ihre Kraft zum Zusammenhalt der Donaumonarchie einsetzen müssen? Es ließe sich auf parallele Tendenzen in der Entwicklung Rußlands 1918 und die deutsche Einflußnahme darauf verweisen. Rußland hatte sich durch deutsche Propaganda und direktes deutsches Zutun (Proklamierung des Königreiches Polen, Reise Lenins durch Deutschland, Brest-Litovsk), zum größeren Teil aber durch die inneren Verhältnisse allmählich in seine einzelnen ethnischen Bestandteile aufgelöst. Die deutsche Politik begrüßte diese Entwicklung, da sie die eigene Kriegführung begünstigte. Auf deutscher politischer Seite war man sich indes von vornherein darüber im klaren und auf militärischer (Ludendorff) gelangte man bald zu der Erkenntnis, daß die Dekomposition nur temporär sein könne und dürfe. Man erwartete für die Zeit nach dem Krieg einen Zusammenschluß der größeren abgefallenen Teile auf föderativer Grundlage. Weltpolitische Erfordernisse (Einregulierung des Gleichgewichts) und wirtschaftliche Notwendigkeiten (innerrussische Wirtschaftsstruktur, deutsch-russische Handelsbeziehungen) ließen eine Re-Integration für nützlich und geboten erscheinen.[35]

[35] Zum ganzen vgl. Baumgart, Deutsche Ostpolitik 1918.

Eben diese Wege — politische Föderalisierung des Donauraumes und Zusammenführung der wirtschaftlich zusammengehörigen Fragmente — hätten auch für die Neugestaltung der Verhältnisse in Südosteuropa gangbar erscheinen können. Voraussetzung für die Errichtung und das Funktionieren einer politischen Föderation wäre allerdings ein entsprechender Wille der Siegermächte zur Zeit des Friedensschlusses und danach gewesen. Dieser fehlte jedoch. Gerade die wirtschaftliche Desintegration wird in der Historiographie, andeutungsweise sogar in der heutigen Historiographie der Nachfolgestaaten,[36] allgemein als schädlich besonders für die unmittelbar Betroffenen angesehen. Die Monarchie war ein Großwirtschaftsraum, dessen einzelne Teile sich organisch ergänzten. Durch die politische Auflösung wurden auch die volkswirtschaftliche Einheit zerstört, das heißt, die Verkehrsstruktur aufgerissen, uralte Kredit- und Handelsbeziehungen zerschnitten, Industriebezirke oder Städte von ihren landwirtschaftlichen Lieferbezirken getrennt usw. Die neuen Staaten schlossen sich wider alle wirtschaftliche Vernunft durch Zollmauern voneinander ab. Die destruktiven wirtschaftlichen Auswirkungen sind im einzelnen von David Mitrany und Friedrich Hertz analysiert worden. Letzterer verneint besonders entschieden die Frage, ob die Bevölkerung der neuen Staaten wirtschaftlich glücklicher unter den neuen Verhältnissen gelebt habe.

Am Faktum des Auseinanderstrebens der einzelnen Nationalitäten wird besonders deutlich, daß im Komplex des Pariser Friedenswerkes der Nationalismus weit stärker war als der Faktor des Ökonomischen. Aber hätten die Friedensmacher von 1919 nicht durch eigene Gegenaktivität diese Diskrepanz wenigstens mildern können, indem sie die Gewährung weitgehender politischer Autonomie (wenn nicht gar der

[36] Vgl. die entsprechenden Angaben bei Wessely, Zisleithaniens Wirtschaft. — Zu den Einschränkungen, die bei einer Beurteilung des österreichisch-ungarischen Großwirtschaftsraums nach 1867 zu machen sind, vgl. Fink, Die österreichisch-ungarische Monarchie als Wirtschaftsgemeinschaft.

Unabhängigkeit) an die Nationalitäten von deren Zustimmung zu wirtschaftlicher Zusammenarbeit abhängig machten? Tatsächlich hat es damals (und später) Pläne für eine Zollunion gegeben, die aber am Widerstand Italiens gescheitert sind. Bei stärkerem Willen der anderen Siegermächte hätte ihre Verwirklichung nicht unmöglich erscheinen können. Einschränkend zu der Tragfähigkeit einer politischen Föderation und einer wirtschaftlichen Union im Donauraum muß darauf hingewiesen werden, daß der Kampf der Großmächte gegen den revolutionären Nationalismus ungeheuer schwierig gewesen wäre und vor allem einen einheitlichen Willen und den großzügigen Einsatz der politischen, militärischen und wirtschaftlichen Macht der USA bedingt hätte. Die Auseinandersetzung mit dem türkischen Nationalismus ebenso wie mit dem revolutionären Bolschewismus zeigte, daß diese Voraussetzungen fehlten.

Über den nördlich des Donauraumes gelegenen sogenannten Randstaatengürtel ist in der Historiographie ebenso zwiespältig geurteilt worden. Ihm war von der Pariser Friedenskonferenz nach Ausweis der englischen Akten die doppelte Funktion zugedacht worden, „die russische Flut einzudämmen und Deutschland in Schach zu halten“[37]. Drittens sollte er einen Graben zwischen Deutschland und Rußland bilden, das heißt die Gefahr eines deutsch-russischen Zusammenspiels bannen.

Die Kritik gegen die Schaffung dieser ostmitteleuropäischen Zwischenzone richtet sich häufig dagegen, daß diese die von ihr erwarteten Funktionen kaum zu erfüllen imstande gewesen sei. Sie sei, so formuliert es etwa Ernst Birke, auf der Schwäche nicht nur Deutschlands, sondern auch Rußlands aufgebaut gewesen. Wenn beide wiedererstarkten, mußten die dortigen Verhältnisse erneut in Frage gestellt werden.

Diese Kritik gründet sich auf zwei allgemeine Prämissen: 1. Die Schaffung von Pufferzonen zwischen Großmächten ist auf die Dauer kaum friedenssichernd; 2. die Schwäche solcher Zonen übt einen Sog auf benachbarte revisionistische Mächte aus, die sich schließlich — aus gegenseitiger Furcht, die andere werde sie ganz unter ihren Einfluß bringen — auf eine Inter-

[37] Documents on British Foreign Policy II, S. 745.

essenabgrenzung einigen. Diese Prämissen treffen auf die internationalen Beziehungen im 19. Jahrhundert nur bedingt zu. Afghanistan etwa erfüllte lange Zeit seine Rolle als Pufferstaat; es bot immer nur dann Anlaß zum Konflikt, wenn der Einfluß Englands oder Rußlands in einem Maße wuchs, das dem anderen jeweils gefährlich erschien. Auch der Staatengürtel der Beneluxländer und der Schweiz hat, selbst in der Zeit der revisionistischen Politik Napoleons III., seine Pufferfunktion zwischen Frankreich und Deutschland erfüllt. Seine Ausstattung mit einer Kollektivgarantie der Großmächte und seine teilweise Neutralisierung lassen entsprechende Mängel des östlichen Randstaatengürtels deutlich werden.

Sein Kardinalfehler lag aber kaum in seiner Errichtung 1919/21, sondern an der raumausgreifenden aggressiven Politik des nationalsozialistischen Deutschland. Gerhard RITTER hat wiederholt auf diesen Zusammenhang aufmerksam gemacht. Durch die neugeschaffene Zwischenzone sei der russische Koloß, dessen Nachbarschaft das deutsche Leben seit dem 18. Jahrhundert überschattet habe (so wie die türkische Gefahr die Mitte Europas im 16. und 17. Jahrhundert bedroht habe), ein großes Stück nach Osten abgedrängt worden. Die neuen Kleinstaaten seien auf lange Sicht genötigt gewesen, angesichts ihrer eigenen wirtschaftlichen Schwäche und angesichts der gemeinsamen bolschewistischen Gefahr bei Deutschland Rückhalt zu suchen[38]: „Für eine kluge, besonnene und geduldige deutsche Politik, die für unseren Staat nichts anderes erstrebte, als ihn zur friedenssichernden Mitte Europas zu machen, eröffneten sich [...] die besten Chancen. Daß wir sie verfehlt haben und in maßloser Ungeduld, in blindem Haß gegen das sogenannte Versailler System uns einem gewalttätigen Abenteurer in die Arme stürzten, ist das größte Unglück und der verhängnisvollste Fehltritt unserer neueren Geschichte."

Bei der Kritik der Ordnung in Ostmitteleuropa ist schließlich nicht zu vergessen, daß sie auf die deutsche Kriegführung 1916/18

[38] Ritter, Der Versailler Vertrag, S. 108—109.

und die deutsche Ostpolitik des Jahres 1918 (Friedensschluß von Brest-Litovsk und Berliner Ergänzungsvertrag) zurückgeht. Der Staatengürtel von Polen bis Estland/Finnland war schon vor dem Kriegsende geschaffen worden. Die Alliierten in Paris haben seine Existenz akzeptiert und seine ursprüngliche Funktion als Bollwerk gegen die russische Gefahr erweitert um die Funktion eines Puffers gegenüber Deutschland.

3. Die russische Frage

Die 'russische Gefahr' war den Friedensmachern von Paris sehr bewußt gewesen. Die Historie hat dagegen lange Zeit von ihr kaum Notiz genommen. Eine erste zusammenfassende Darstellung hat Andreas Hohlfeld 1939 unter stark zeitbedingtem Aspekt (Wilson habe führende jüdische Wirtschaftskreise der USA in dem Bestreben unterstützt, den jüdischen Bolschewismus zu schützen und zu fördern) geboten. Erwin Hölzle hat sie in größerem Zusammenhang in seinem 1944 veröffentlichten Buch ›Der Osten im Ersten Weltkrieg‹ und in mehreren Aufsätzen der fünfziger und sechziger Jahre besonders unter welthistorischem Gesichtspunkt behandelt. Die stalinistische Auffassung vertrat der russische Historiker Boris E. Štejn in einer 1949 erschienenen Studie, in der er die bis dahin erschienenen Veröffentlichungen des Auslandes zur russischen Frage schlicht als Fälschung bezeichnete. Fritz T. Epstein legte 1959 in einem tiefdringenden analytischen Aufsatz ein solides Fundament für die weitere Erforschung der russischen Frage. Im Zusammenhang mit der alliierten und amerikanischen Interventionspolitik wurde sie vor allem von George F. Kennan und Richard Ullman beleuchtet. Arno J. Mayer und John M. Thompson lieferten eine jeweils umfassende monographische Behandlung des Themas. Von dem russischen Historiker Andrej D. Skaba ist kürzlich eine bemerkenswert sachlich geschriebene einschlägige Studie erschienen.

Besonders das umfangreiche Buch Mayers zeigt, daß die intensive Beschäftigung der letzten Jahre mit der russischen Frage auf der Pariser Konferenz wesentliche Impulse neuen Fragestellungen der Forschung, aber auch der heutigen weltpolitischen Situation verdankt. Andererseits macht die geringe Resonanz, die das Thema Rußland und der Bolschewismus in den zwanziger und dreißiger Jahren hatte, deutlich, daß es in den Augen der Zeit gegenüber der 'deutschen Frage' weit im Hintergrund stand. Dieser enge Zusammenhang zwischen Forschungsinteresse und dem jeweiligen Zeitgeschehen darf als Fingerzeig dafür dienen, daß die Bedeutung der welthistorischen Zäsur des Jahres 1917, die durch den Kriegseintritt der USA und die bolschewistische Revolution gekennzeichnet ist, nicht überbetont werden darf. Die russische Revolution war gewiß in der Zeit bis zum Ende des Bürgerkrieges ein zentrales Thema der internationalen Politik. Aber in der Zwischenkriegszeit insgesamt waren andere Faktoren bestimmend für den Zusammenhang von „internationaler Konstellation und innerstaatlichem Systemwandel" (Richard Löwenthal), das heißt für die Einwirkung politischer und gesellschaftlicher Systeme auf die Struktur der internationalen Beziehungen.

Immerhin ist durch alte und neue Quellen die Bedeutung der russischen Frage für den Charakter des Friedenswerkes von 1919/20 immer wieder hervorgehoben worden. Walter Lippmann hatte bereits im Juli 1919 von "the everpresent bogey of Bolshevism" gesprochen [39] und damit auf das revolutionäre Gespenst hinweisen wollen, das auf den Friedensverhandlungen und auf dem Friedenswerk lastete. Der Wilson-Apologet Ray S. Baker warb zehn Jahre später um Verständnis für die Schwierigkeiten, mit denen Wilson zu kämpfen gehabt habe, als er den bemerkenswerten Satz schrieb, Paris könne nicht ohne Moskau verstanden werden. Der amerikanische Historiker Thomas A. Bailey wählte 1947 zur Charakteristik der russischen Frage das treffende Bild von dem unsichtbaren fünften Stuhl, auf dem Lenin im Viererrat gesessen habe. Wilson tat, wie wir aus den 1955 veröffentlichten Protokollen des Dolmetschers Paul

[39] Vgl. F. T. Epstein, Russische Frage, S. 432.

Mantoux, einer Schlüsselquelle für die Pariser Verhandlungen, wissen, schon in der ersten Sitzung des Viererrats den Ausspruch, der die Eile, mit der das Friedenswerk vorangetrieben werden mußte, und die daraus sich ergebende Imperfektion schlaglichtartig beleuchtet: die Konferenz befinde sich in einem regelrechten Wettlauf zwischen Frieden und Anarchie.

Die Alliierten in Paris sind drei verschiedene Wege gegangen, um den Komplex Rußland in die Friedensordnung einzubauen. Daß sie keinen Weg zu Ende und oft alle Wege zugleich gegangen sind, ist einer der Hauptgründe für das Versagen der Pariser Konferenz in der russischen Frage, für den „Verzicht auf den Weltfrieden“ [40].

Der eine Weg bestand darin, mit der Sowjetregierung in diplomatischen Verkehr zu treten, die auf russischem Gebiet befindlichen Expeditionstruppen abzuziehen und die Sowjets zu den Friedenskonferenzen zuzulassen. Vor allem Lloyd George hat sich für diese Lösung eingesetzt. Er war der Initiator des Vorschlags, die streitenden Parteien in Rußland zu einer Zusammenkunft auf den Prinzeninseln im Marmarameer aufzufordern. Der Vorschlag scheiterte, weil auf Betreiben Frankreichs die verschiedenen 'weißen' Regierungen (Denikin in Südrußland, Kolčak in Sibirien, Provisorische Regierung des Russischen Nordgebiets u. a.) es ablehnten, sich mit ihren Feinden an einen Tisch zu setzen. Ebenso scheiterte ein weiterer diplomatischer Versuch, nämlich die Mission des Präsidentenberaters William C. Bullitt nach Moskau zu Sondierungsgesprächen mit Lenin, da Wilson und Lloyd George die Sondierung nicht weiterverfolgten.[41] Der dem Präsidenten von Herbert Hoover vorgelegte Plan, eine umfangreiche Nahrungsmittelhilfe für Rußland unter Leitung Fridtjof Nansens zu organisieren, wurde nicht durchgeführt, weil die Sowjets die daran geknüpfte Bedingung vorheriger Einstellung der Feindseligkeiten nicht erfüllen wollten. Der Plan, der nach dem Zweiten Weltkrieg in veränderter Form aufgegriffen wurde (Marshall-Plan), hatte nach außen ein humanitäres Ziel, verfolgte aber in Wirklichkeit den politischen Zweck, wie Hoover dem Präsidenten deutlich machte, durch Besserung der wirtschaftlichen Lage dem russischen Volk Zeit und Möglichkeit zu bieten "to determine

[40] Hölzle, Versailles und der Osten, S. 500.
[41] Am ausführlichsten darüber Farnsworth, Bullitt.

whether or not this whole system [der Bolschewismus] is a world danger, and whether the Russian people will not themselves swing back to moderation and themselves bankrupt these ideas"[42].

Als zweiter Weg erschien die Vertreibung der bolschewistischen Machthaber durch eine großangelegte militärische Intervention und durch Unterstützung der weißen Armeen. Eifrigster Verfechter dieser Richtung waren der damalige Kriegsminister Churchill und Marschall Foch. Churchill betrachtete in apokalyptischer Weise die bolschewistische Regierung als Terrorregime, dem man aus einer Position militärischer Stärke gegenübertreten müsse. Da sie nur einen Bruchteil der russischen Bevölkerung repräsentiere, könne sie mit Gewalt gestürzt werden. Ohne Erledigung der bolschewistischen Gefahr, die Sieger und Besiegte gleichermaßen bedrohe, werde der Friedensschluß kein Friede sein. Deutschland wollte Churchill nach Möglichkeit schonen, um es als Sturmbock gegen den Osten einsetzen zu können. Foch trug sich sogar mit dem Gedanken, deutsche Truppen für einen Kreuzzug gegen den Bolschewismus zu verwenden. Mehrmals versuchte er, den 'Großen Vier' einen Interventionsplan einzureden, den er vor allem von Ostmitteleuropa, von Polen und Rumänien aus, durchzuführen gedachte. Doch vermochte er weder Wilson noch Lloyd George zu überzeugen.

Als dritter Weg erschien den Alliierten die Möglichkeit, die revolutionierten Gebiete Rußlands durch einen « cordon sanitaire » zu isolieren, das heißt die Ausbreitung des Bolschewismus durch den Schutzwall der Randstaaten zu verhindern und ansonsten das russische Tollhaus sich selbst zu überlassen.

Im Laufe des Jahres 1919 wurden alle drei Wege nacheinander und nebeneinander mit wechselndem Nachdruck beschritten. Das Schwanken zwischen Kooperation und Intervention geht bis in die Anfänge der alliierten Rußlandpolitik von 1917/18 zurück. Es hat aber auch das deutsche Zusammenspiel mit dem bolschewistischen Rußland während und nach Brest-Litovsk bestimmt. Exponenten der beiden extremen Richtungen waren in Deutschland Staatssekretär Kühlmann und General Ludendorff gewesen. Kühlmann hielt es für das zweckmäßigste, Rußland „in seinem eigenen Fett weiterschmoren" zu lassen.[43] Gegenüber

[42] Mayer, Politics and Diplomacy of Peacemaking, S. 27, 477.

[43] Brest-Litovsk, S. 74. Das folgende Zitat ebenda S. 53. Zum fol-

den Interventionisten wies er auf die Parallele zur Französischen Revolution hin: Der Versuch der konservativen Mächte, den revolutionären Geist im Lande seiner Herkunft zu ersticken, sei gescheitert. Der bolschewistische Bazillus heute könne nicht unschädlich gemacht werden, selbst wenn man „den ganzen Bolschewikipestherd mit einer gläsernen undurchdringlichen Mauer zu umgeben" suche. Da Ludendorff seinen nachweisbar zweimal gefaßten Plan vom Frühjahr und Sommer 1918, dem bolschewistischen Regime an den neuralgischen Punkten Moskau und Petersburg den Garaus zu machen, wegen des Widerstandes der Reichsleitung aufgeben mußte, die politische (und selbst militärische! [44]) Kooperation mit den Bolschewiki aber durch fortgesetzte militärische Operationen auf russischem Territorium auch nach dem Friedensschluß von Brest-Litovsk durchkreuzte, trug die deutsche Ostpolitik jenen Charakter des Zwiespältigen an sich, der auch die alliierte Interventionspolitik des Jahres 1918 und ihre Fortsetzung im Jahre 1919 kennzeichnet.

Lloyd George und Wilson haben ihr Widerstreben gegen eine Intervention mit Argumenten begründet, die sich bis in den Gebrauch der Bilder und der historischen Analogien mit denen Kühlmanns gleichen. L l o y d G e o r g e gelangte aus einer Reihe unterschiedlicher Motive zu seiner Anschauung, mit den Bolschewiki möglichst einen Modus vivendi zu suchen oder ihnen gegenüber höchstens eine Politik des Cordon sanitaire zu treiben. Weltanschaulich hatte er als Radikalliberaler, wie er in seinen Memoiren gesteht, ein beträchtliches Maß von Sympathie für soziale Umwälzungen. Über die ungarische Revolution unter Béla Kun bemerkte er im Viererrat mit einigem Sarkasmus, es

genden vgl. Baumgart, Deutsche Ostpolitik 1918; ders., Brest-Litovsk und Versailles. Neue Quelleneditionen mit ausführlicher Literatur: Der Friede von Brest-Litowsk; Von Brest-Litovsk zur deutschen Novemberrevolution.

[44] Zu dieser fast unbekannten militärischen Kooperation zwischen Ludendorff und Lenin (sie erinnert an den bekannten Hitler-Stalin-Pakt) vgl. Baumgart, Unternehmen „Schlußstein".

gebe nur wenig Länder, die eine Revolution so nötig hätten wie Ungarn. Gleichwohl verabscheute er das bolschewistische Regime wegen seines Terrors. In historischer Perspektive verglich er in einer Kabinettsitzung an der Jahreswende 1918/19 die Situation in Rußland mit der Französischen Revolution. Auch damals sei man zur Intervention gegen die Scheußlichkeiten der Jakobiner aufgefordert worden[45]: "Toulon and La Vendée corresponded to Riga and the Ukraine. But the very fact that we intervened enabled Danton to rally French patriotism and make the terror a military instrument." Auch hätten die mit großen Kräften durchgeführten Operationen Deutschlands und Österreich-Ungarns in Rußland 1918 den Bolschewismus nicht getroffen. Eine regelrechte Intervention erschien ihm nicht zuletzt aus sozialpolitischen und -psychologischen Gründen unmöglich. Die sozialen Unruhen in England, die MAYER ausführlich beschrieben hat (Streiks, Rußlanddemonstrationen, Truppenmeutereien), und der Ruf nach Demobilisierung hätten Truppenentsendungen größeren Umfangs zu einem äußerst gewagten Unternehmen gemacht. Aus all diesen Gründen befürwortete Lloyd George schließlich die Politik des Cordon sanitaire.

Diese Politik bewegte sich durchaus auf der Linie der englischen Rußlandpolitik des 19. Jahrhunderts. Durch den Pariser Frieden von 1856 sollte um Rußland, wie Palmerston es mit einem Begriff aus der Belagerungstechnik einmal formuliert hat, eine Zirkumvallationslinie gelegt werden. Auch die Kriegsbereitschaft Englands von 1878 entsprach dem Bestreben, die russische Macht einzudämmen. Die Containment-Politik der Jahre nach dem Zweiten Weltkrieg hatte also eine lange historische Tradition.

Wie oben bereits angedeutet, erklären sich Lloyd Georges Appeasement-Absichten im Fontainebleau-Memorandum vom 25. März 1919 aus der Befürchtung, daß ein geknebeltes Deutschland sein Schicksal mit dem des bolschewistischen Rußland vereinigen könne. Die Vorstellung von einer Zusammenlegung der deutschen und russischen Macht — Deutschland würde wegen seiner technischen und militärischen Überlegenheit und seiner Organisationskraft diesen Block führen — erschien

[45] Mayer, Politics and Diplomacy of Peacemaking, S. 322.

ihm wie ein Alptraum[46]: "That would inevitably mean spartacism from the Urals to the Rhine, with its inevitable consequence of a huge red army attempting to cross the Rhine." Diese damals in Paris weitverbreitete Besorgnis, die man den 'Rapallo-Komplex' nennen könnte, nährte sich aus dem tatsächlichen deutsch-russischen Zusammenspiel des Jahres 1918, vor allem aber aus der nach der deutschen Novemberrevolution und dem Münchener Räteputsch entstandenen großteils imaginären Furcht, Deutschland werde in einem von ihm geführten deutsch-russischen Block die Alliierten um die Früchte ihres Sieges bringen.

W i l s o n s R u ß l a n d - P o l i t i k ist von tiefer Unsicherheit bestimmt. Die Sympathie mit dem sozialen Umschwung in Rußland, die er mit Lloyd George teilte, wurde ihm immer wieder verdorben durch den bolschewistischen Terror und die bolschewistische Reaktion auf Amerikas Politik, in der Wilson direkt oder indirekt mit Epitheta wie „moderner Sklavenhalter", „imperialistischer Räuber" und „Blutsäufer" bedacht wurde. Er hätte es begrüßt, wenn der Umschwung sich in den Bahnen der Februarrevolution weiterentwickelt hätte. Es ist von Historikern der Intervention oft darauf hingewiesen worden, daß Wilsons moralisches Ansehen bei den alliierten Regierungen und Völkern (besonders bei der europäischen Linken) sowie das materielle Gewicht Amerikas entweder die Intervention gegen die Bolschewiki oder die Koexistenz mit ihnen zum Erfolg geführt haben würden, wenn sie für den einen oder anderen Weg folgerichtig eingesetzt worden wären.

Wie beurteilte Wilson die russische Frage, und worin liegt seine Unsicherheit begründet? In einem erst nach dem Zweiten Weltkrieg veröffentlichten Interview des Präsidenten vom 16. Oktober 1918 umschrieb er seine Rußlandpolitik mit folgendem Vergleich[47]: Das russische Volk müsse aus eigenen Kräften zu seiner Erlösung finden, auch wenn es sich eine Zeitlang in

[46] Zitiert ebenda S. 583. Der Passus fehlt bei Lloyd George, Truth I, S. 408.

[47] Snell, Wilson on Germany, S. 368.

Anarchie wälzen müsse: "A lot of impossible folk, fighting among themselves. You cannot do business with them, so you shut them all up in a room and lock the door and tell them that when they have settled matters among themselves you will unlock the door and do business." Mit demselben Bild, das Kühlmann ein Jahr zuvor in engstem Kreise gewählt hatte, erklärte Wilson im Viererrat am 25. März 1919[48]: Seine Rußlandpolitik sei, Rußland den Bolschewiki zu überlassen: „Sie werden in ihrem Saft schmoren, bis die Verhältnisse die Russen vernünftiger gemacht haben." In einem Tollhaus soll man die Insassen sich getrost austoben lassen! Ein paar Tage später, als es darum ging, den Interventionsplan Marschall Fochs zu widerlegen, erklärte er, der einzige Weg, gegen den Bolschewismus vorzugehen, sei, seine Ursachen zu beseitigen. Der Versuch, eine revolutionäre Bewegung durch Truppen zurückzudrängen, bedeute dasselbe, wie wenn man einen Wassereinbruch mit einem Besen aufzuhalten trachte. Er gestand aber, daß man die Ursachen dieser Bewegung gar nicht genau kenne, und nannte als solche nur die herrschende Unsicherheit über die Grenzziehungen in Europa und die wirtschaftliche Notlage.

Die Antwort auf die Frage, die sich Wilson einige Jahre danach einmal stellte[49]: "What gave rise to the Russian Revolution?" fand er in der allgemeinen Aussage: "The answer can only be that it was the product of a whole social system." Sie zeigt, daß Wilsons Vorstellung vom Frieden in der Welt nicht bloß die streng diplomatischen und militärischen, sondern auch die sozialen und politischen Aspekte einschloß. Diese Deutung der Revolution geht auf seine Auseinandersetzung mit der traditionellen Geschichtsschreibung in seiner Zeit als Princeton-Professor für Staatswissenschaften zurück. Damals hatte er sich mit den New Historians gegen die eindimensionale politische Historie gewandt und als das eigentliche Aufgabengebiet des Historikers nicht das Geschehen, sondern das, was ihm zugrunde liegt, be-

[48] Mantoux, Délibérations I, S. 20.

[49] Zitiert bei Thompson, Russia, S. 385.

zeichnet, nicht die Wellen an der Oberfläche, sondern die Kräfte, die sie bewegten.

Die Unsicherheit, mit der Wilson die russische Frage behandelte, ergab sich also aus der Vielschichtigkeit der Materie selbst und aus der entsprechenden Vielfalt der Mittel und Wege, um ihr beizukommen. Seinem liberalen Credo gemäß war er aber überzeugt, daß der Bolschewismus sich selbst ausbrennen werde, wenn man ihn nur unbehelligt lasse.

Der Unsicherheit in der Analyse entsprach die Unsicherheit in der Aktion. Das Ergebnis fiel demgemäß aus. Der italienische Ministerpräsident Orlando hat darüber bereits am 27. März 1919 im Viererrat den Stab gebrochen, als er seinen Partnern vorhielt, daß man sich zwischen den beiden Alternativen — Marsch nach Moskau oder Koexistenz — entscheiden müsse[50]: « Nous n'avons su faire ni l'un ni l'autre et nous avons subi les conséquences les plus fâcheuses des deux politiques à la fois. Sans faire la guerre, nous sommes en état de guerre avec la Russie. »

Die Forschung hat sich dieser Beurteilung der alliierten Interventionspolitik im allgemeinen angeschlossen. Neben der Uneinigkeit und Inkonsequenz der Alliierten in der Diagnose und Behandlung der russischen Frage wird als Grund für den Fehlschlag auch der materielle und moralische Notstand angeführt, in dem sich die westeuropäischen Völker am Ende des bis dahin opferreichsten Krieges der Geschichte befunden hätten. Als Hauptursachen, die in der russischen Szenerie selbst zu suchen sind, werden genannt: die überlegene Disziplin und der revolutionäre Elan der Roten Armee, personifiziert in ihrem Führer Trockij; die Uneinigkeit unter den Gegnern der Bolschewiki, deren politische Heterogenität durch den Hinweis gekennzeichnet ist, daß hier sozialrevolutionäre Politiker und konservative Armeeoffiziere zusammenarbeiten mußten. George F. KENNAN, einer der besten Kenner der Materie, geht sogar so weit zu behaupten, daß der russische Kommunismus angesichts seiner schwachen Verwurzelung im Volk ohne diesen Faktor der Un-

[50] Mantoux, Délibérations I, S. 56.

einigkeit im Bürgerkrieg schließlich nicht triumphiert haben würde.

John M. Thompson kommt in seiner Untersuchung der russischen Frage auf der Pariser Friedenskonferenz zu dem Ergebnis, daß die halbherzige, unentschlossene Interventionspolitik der Alliierten — wie es die Führer der menschewistischen und rechten sozialrevolutionären Parteien schon 1919 gesehen haben — am Ende zur Konsolidierung der Sowjetmacht beigetragen und die, wenn auch geringe, Chance verspielt habe, die sich öffnende Kluft zwischen dem Westen und Sowjetrußland zu schließen. Eine „versöhnlichere Politik", die neben der auf dem Verhandlungswege gefundenen Beendigung der Intervention und des Bürgerkrieges auch ein umfassendes Wirtschaftshilfeprogramm hätte einschließen müssen, würde wohl nicht ohne Wirkung auf die Position der Sowjetführung und ihre Unterdrückungspolitik gegen ihre Gegner gewesen sein. Die Frage, wie hoch die Bedeutung der russischen Frage im Gesamtkomplex der Pariser Friedensordnung einzuschätzen sei, beantwortet er mit Entschiedenheit[51]: „Das russische Problem war keinesfalls eine Hauptsorge der Friedensmacher." Die Furcht vor dem Bolschewismus dürfte weniger auf das Friedenswerk eingewirkt haben, als mitunter angenommen werde. Sicherlich habe sie die Staatsmänner in Paris zu größerer Eile beim Friedenschließen angespornt. Wilson sei durch sie womöglich daran gehindert worden, die Verhandlungen aus Protest gegen die Verletzung seiner Prinzipien zu verlassen. Sie dürfte Lloyd George zu seinen Appeasement-Versuchen gegenüber Deutschland veranlaßt haben. Mit ihrer Hilfe hätten Erzberger und Noske die deutsche Regierung schließlich zur Unterzeichnung des Versailler Vertrags bewegen können. Andererseits hätten Brockdorff-Rantzau — vergeblich — und die Reihe der Staatsmänner von Roman Dmowski bis zu Ion Brătianu, von Tomáš Masaryk und Eduard Beneš bis zu Eleftherios Venizelos — diese mit einigem Erfolg — daraus jeweils für ihr Land Kapital zu schlagen versucht. "But it would

[51] Thompson, Russia, S. 381. Das folgende Zitat ebenda S. 395.

be difficult to prove that Bolshevism affected the general structure of the Versailles settlement in major ways."

Während Thompson die herkömmliche Auffassung bestätigt, daß es aus der Sicht der Staatsmänner von 1919 der Friedensschluß mit Deutschland gewesen sei, der "naturally took up the greater part of their time, energy, and deliberations" [52], kommt Arno J. Mayer in seinem gleichzeitig erschienenen Buch zu der gegenteiligen Feststellung, daß "in fact, individually and collectively the Big Four spent more time and energy on the Russian question than on any other major issue". Mayer bleibt den Beweis für diese Behauptung schuldig, der — oder der Gegenbeweis — statistisch unschwer etwa aus den Mantoux-Protokollen zu erbringen wäre. Aber Mayer ist doch zuzustimmen, wenn er die russische Frage komplexer auffaßt, als es oft geschieht, und sie auch dementsprechend analysiert. Er bemerkt zu Recht, daß nur mit Hilfe einer „umfassenden diplomatischen Geschichtsschreibung", das heißt nur unter Berücksichtigung des ständigen Wechselspiels von Innenpolitik und internationalen Beziehungen, der Zusammenfall des Weltkriegsendes mit dem Beginn eines globalen Bürgerkriegs (der bolschewistischen Revolution, des Zerfalles der politischen Autorität in Ostmitteleuropa, der Revolutionsfurcht in Mitteleuropa) adäquat erklärt werden könne.

Für die Berechtigung seines Postulats kann Mayer auf den dialektischen Prozeß von Krieg und Reform oder Revolution hinweisen, der sich seit der zweiten Hälfte des 19. Jahrhunderts immer wieder beobachten läßt: Der im Krieg Unterlegene versucht seine innenpolitischen Spannungen durch eine Verfassungs- und Sozialreform zu lösen, oder er wird von der Revolution überrollt — Rußlands Niederlage im Krimkrieg führte, wie oben angedeutet, direkt zur Bauernbefreiung, zur Justiz- und Heeresreform; die Niederlagen Österreichs von 1859 und 1866 gaben den Anstoß zu verschiedenen Verfassungsexperimenten und schließlich zum Ausgleich mit Ungarn; Frankreichs Nieder-

[52] Ebenda S. 4. Das folgende Zitat bei Mayer, Politics and Diplomacy of Peacemaking, S. 284.

lage von 1870/71 brachte zunächst den Sturz des Kaisertums, dann das Zwischenspiel der Kommune und schließlich die langen Geburtswehen der Dritten Republik; Rußlands Niederlage im Krieg gegen Japan 1904/05 führte direkt zur Revolution von 1905.

Dementsprechend sieht Mayer das entscheidende Merkmal der Pariser Friedenskonferenz in der *Polarisierung der linken und rechten Kräfte* in den Völkern. Die Beziehungen zwischen Unternehmertum und Arbeiterschaft hätten sich verschärft; die Spannungen hätten sich in Streiks entladen, die Mayer eingehend beschreibt. Der günstige Kriegsausgang habe in den Völkern der Siegermächte die Stellung der extremen Rechten konsolidiert, die einen Straffrieden verlangten, um im Innern den Arbeiterforderungen begegnen zu können. Die russische Revolution habe eine analoge Wirkung auf die militante Linke ausgeübt. Die politische und soziale Konfrontation sei eine internationale Erscheinung gewesen; die Trennungslinien verliefen nicht mehr vertikal zwischen den einzelnen Nationen, sondern horizontal durch die Nationen. Die Kräfte der Bewegung und die Kräfte der Beharrung hätten sich nach dem Schema 'Challenge and Response' gegenseitig angetrieben[53]: "Bolshevism and Fascism were crystallizing in terms of one another; they became the polar forms of the political and ideological response to the fast-developing world crisis."

Mit Hilfe dieses Modells analysiert Mayer die Politik der wichtigeren Mächte in der Verflechtung von innenpolitischer Situation und Verhalten zum Friedenswerk. Das Ergebnis sei, daß die Rechte fast überall den Sieg davongetragen habe. In Italien, Deutschland und Frankreich habe sie sich gesammelt, um die Regierung des Ausverkaufs der nationalen Interessen zu beschuldigen, und die Fundamente für die faschistische und nationalsozialistische Bewegung gelegt. Die nichtkommunistische Linke in Europa und Amerika, schwer getroffen durch das Scheitern des Wilsonismus, habe ihren Rückzug aus der Politik an-

[53] Ebenda S. 564. Das Zitat im folgenden Absatz ebenda S. 11.

getreten oder ihre Sympathien der Dritten Internationale zugewandt. In Paris habe die eigentliche Friedensarbeit eher in der „doppelten Aufgabe" bestanden, „die Regierungen im besiegten Europa zu stabilisieren und die Russische Revolution einzudämmen, wenn nicht gar zu vernichten", als in den klassischen Aufgaben der Diplomatie: in Grenzregulierungen und Kriegskostenaufstellungen. Die deutsche Frage faßt Mayer folgerichtig als Funktion der russischen Frage auf.

Trotz einer Fülle wertvoller Beobachtungen und Einsichten scheint das der Analyse zugrundeliegende Modell Mayers doch dem Wesen der Pariser Friedensverhandlungen unangemessen zu sein. Die Dialektik von Aktion und Reaktion trifft zweifellos auf zahlreiche Vorgänge des Jahres 1919 zu; insbesondere ist die ungarische Diktatur unter Horthy als direkte Folge der bolschewistischen Diktatur Béla Kuns und ist der Aufstieg des Faschismus in Italien zu wesentlichen Teilen als Antwort auf die kommunistische Gefahr anzusehen. Aber die anderen osteuropäischen Diktaturen sind später entstanden, das Regime Piłsudskis läßt sich als direkte Reaktion auf den Bolschewismus oder die bolschewistische Gefahr nicht mehr deuten. Das Aufkommen des Nationalsozialismus erklärt sich nur zu einem geringen Teil aus dem Bolschewismus.

Als eine der Hauptursachen für das Scheitern des Friedenswerkes erscheint nicht so sehr die damals gehegte Illusion, daß die Friedensstifter in Paris die Wahl zwischen Wilson und Lenin hatten — wobei Wilson als der (widerstrebende) Gefangene der Konterrevolution verstanden wird —, sondern eher der Umstand, daß man Deutschland durch seine Entmachtung bündnisunfähig gegenüber dem Westen gemacht hatte und Rußland wegen seiner inneren Machtlosigkeit bündnisunfähig wähnte. Diese Tatsache muß gegenüber Wien 1815, wo Frankreich das Tor für die Rückkehr ins Konzert geöffnet wurde, und gegenüber Paris 1856, wo Rußland sich von Napoleon III. umworben fand, als eine der größten Schwächen des Friedenswerkes gesehen werden. Wie angedeutet, lastete 1919 bereits der Rapallo-Komplex auf den Staatsmännern. Der französische Historiker Jacques BAINVILLE hat die entsprechende Politik bereits 1920 vorausgesagt[54]: „Zunächst hat der Vertrag von Versailles in folgerichtiger Weise das Bündnis zwischen Deutschland und Rußland geknüpft [...]. In dem Augenblick, in dem

[54] Bainville, Frankreichs Kriegsziel, S. 136.

man [...] auf Kosten beider Länder ein Polen schuf, war die Gemeinsamkeit der Interessen und der Empfindungen hergestellt."

Ein weiterer Einwand gegen Mayer ist, daß nach dem Selbstverständnis der Friedensstifter von 1919 die deutsche Frage von größerer und aktuellerer Bedeutung war als die russische Frage. Gerade weil man die zentraleuropäischen Probleme in den Vordergrund stellte, konnte man — in verhängnisvoller Weise — der russischen Frage nicht auf den Grund gehen und fand für sie nur halbe, das heißt gar keine Lösungen. Die Priorität des deutschen Problems zeigt, daß 1919 nicht die soziale Frage dominierte, sondern der Nationalismus. Die Friedensordnung kann also nicht in erster Linie unter dem Aspekt gesehen werden, sie stelle den Versuch der Konterrevolution zur Eindämmung des Bolschewismus dar (der Untertitel von Mayers Buch lautet: ›Containment and Counterrevolution at Versailles 1918—1919‹).

Die Fragestellung Mayers ist eine Fragestellung aus der heutigen (zeitbedingten) Sicht der Forschung. In dieser Sicht erscheint das ökonomische und sozialökonomische Element als die Dominante und als das Movens aller Probleme des 20. Jahrhunderts. Aber damals dominierten — man mag das heute als Verirrung betrachten — der Nationalismus, das Selbstbestimmungsrecht und der Ruf nach Sécurité. Das Vertragswerk fiel in wesentlichen Teilen nach dem Stil der Friedensschlüsse des 19. Jahrhunderts aus. Es enthielt politische und territoriale Bestimmungen der üblichen Art, aber kaum Ansätze zur Lösung der wirtschaftlichen und sozialen Probleme, der Probleme also, auf die der Bolschewismus zurückzuführen war. Wohl enthielt die Völkerbundsakte einige entsprechende Vorkehrungen, wie die Errichtung der Internationalen Arbeitsorganisation, aber die einschlägigen Regelungen der einzelnen Verträge, wie die nationale Fragmentierung des Donauraumes und die Reparationsbestimmungen, waren wider die Gesetze des Ökonomischen konzipiert, und der Fehlschlag der alliierten Rußlandpolitik stellte das Unvermögen der Friedensmacher von 1919, mit den sozialen Fragen fertig zu werden, am deutlichsten unter Beweis.

4. Das Wilson-Bild

Wilson gilt nicht nur für den Komplex der russischen Frage, sondern für die gesamte Friedensordnung von 1919 als die zentrale Figur. Das Wilson-Bild ist nach 1919 in der tagespolitischen und in der historischen Auseinandersetzung starken Schwankungen ausgesetzt gewesen. Wilsons Politik wurde sehr früh, eigentlich schon in Paris selbst, verurteilt. Als Reaktion auf die Kampagne gegen ihn setzten Versuche zu seiner Verteidigung und Rehabilitierung ein, die indes erst seit den vierziger Jahren durchstießen und heute dank intensiver Beschäftigung mit seiner Rolle auf der Pariser Konferenz eindeutig zum Erfolg geführt haben.

Die Auseinandersetzung um Wilsons Prinzipien einer liberalen Welt- und Friedensordnung und um ihre mangelhafte Verwirklichung in Paris hat im Lager der Siegermächte und in Deutschland Dimensionen angenommen, die man nur mit der erregten und umfangreichen Kriegsschulddiskussion vergleichen und deshalb gewissermaßen die Friedensschulddiskussion nennen kann. Hatten schon seine engsten Berater, wie Staatssekretär Lansing und Oberst House, Wilsons Entschluß, als einziges Staatsoberhaupt persönlich nach Paris zu gehen, mit bösen Ahnungen aufgenommen, so wurde er von einigen Vertrauten, die allerdings im zweiten und dritten Glied standen, noch während der Friedenskonferenzen verlassen. Bullitt bezeichnete sich in seinem Rücktrittsschreiben vom 17. Mai 1919 als „einer der Millionen", die ihre Hoffnung auf Wilson gesetzt hätten, daß er, der Präsident, einen auf neuen Grundsätzen errichteten, dauerhaften Frieden schaffen werde, und die sich nun nach der Überreichung der Friedensbedingungen an Deutschland enttäuscht und resigniert von ihm abwenden müßten.[55] Seine Grundsätze seien mißachtet in bezug auf Rußland, Schantung, Südtirol, Thrazien, das Saargebiet, Ungarn, Ostpreußen, Danzig und die Freiheit der Meere. Diese Verletzungen würden „ein neues Jahrhundert Krieg" bedeuten, das zu verhindern der Völkerbund ohnmächtig sein werde. "It is my conviction that if you had made your fight in the open [...] you would have been able to resist the pressure and might have established the 'new international order [...]' of which you used to speak".

[55] Papers Relating to the Foreign Relations of the U.S. XI, S. 573—74.

Das englische Delegationsmitglied John M. KEYNES hat in dem berühmtesten Buch über Paris, ›The Economic Consequences of the Peace‹, das im Dezember 1919 erschien, das Friedenswerk als die Mischung zweier unvereinbarer Friedenspläne bezeichnet, als Mischung zwischen den Vierzehn Punkten Wilsons und den Vorstellungen Clemenceaus von einem karthagischen Frieden. Wie Keynes zeichnete auch Harold NICOLSON das Bild Wilsons als das eines Mannes mit schweren Charakterfehlern, von geistiger Arroganz, die pathologische Züge angenommen habe, und von moralischer Rigidität. Wilson sei in dem mystischen Glauben befangen gewesen, daß Gott, Wilson und das tumbe Volk am Ende doch triumphieren würden. Nicolson errechnete, daß von den 23 Leitsätzen Wilsons für den Frieden (die Vierzehn Punkte und neun in späteren Kriegsreden formulierte Grundsätze) höchstens vier im Versailler Vertrag ihren Niederschlag gefunden hätten.

Die Vorstellung, daß die Pariser Konferenz ein Duell gewesen sei zwischen dem Prinzip des Guten, das sich in Wilson verkörpert habe mit seinen Forderungen des Selbstbestimmungsrechts und des Völkerbunds, und dem Prinzip des Bösen, das die Vertreter der Alten Welt, allen voran Clemenceau, verkörpert hätten mit ihrer geheimen Kabinettspolitik, die nur seelenlosen Kuhhandel mit „territorialen Garantien", „Wirtschaftskonzessionen" und „strategischen Grenzen" kenne — diese Vorstellung wurde vor allem von Apologeten Wilsons verbreitet. Ray S. BAKER, der einflußreichste unter ihnen, stellte der These der Wilson-Gegner vom Verrat des Präsidenten an seinen Grundsätzen die These vom Komplott gegenüber, das während der vierwöchigen Abwesenheit Wilsons von Paris (vom 14. Februar bis zum 14. März) von Balfour, Clemenceau und dem nachgiebigen House geschmiedet worden sei: Sie hätten hinter Wilsons Rücken den Waffenstillstandsvertrag zu einem kompletten Friedensvertrag mit Territorial- und Reparationsklauseln ausgearbeitet und diesen dem Präsidenten nach seiner Rückkehr als Fait accompli präsentiert. Obwohl diese Intrige von Wilson erkannt und zerstört worden sei, habe man ihm nun von der Heimat aus, vom amerikanischen Senat, in Sachen Völkerbund einen Dolchstoß in den Rücken gegeben.

Also auch Amerika hatte — nicht in der Kriegs-, sondern in der Friedensschulddiskussion — seine Dolchstoßversion. Sie hatte allerdings weit realere Hintergründe als die entsprechende deutsche Legende. Baker vermochte indes mit ihrer Hilfe dem negativen Wilson-Bild nicht ernsthaft beizukommen. Durch die Veröffentlichung des House-Nachlasses, die Charles SEYMOUR in den Jahren 1926—28 besorgte, ist vielmehr seine These vom Februar-Komplott widerlegt worden.

In Deutschland bildete sich zu gleicher Zeit wie in Amerika eine Wilson-Legende heraus, die mit der deutschen Dolchstoß-Legende eng zusammenhängt, gleichsam deren außenpolitische Komponente darstellt. Ernst FRAENKEL hat ihre beiden Varianten die Verrats- und die Betrugsthese genannt. Auf der einen Seite stehen die Pazifisten und die republikanische Linke, die sich in ihren Hoffnungen auf einen 'Verständigungsfrieden' enttäuscht fanden, da Wilson durch den Versailler Vertrag seine Friedensideale verraten habe. Auf der anderen Seite steht die nationale Rechte, die Wilson beschuldigte, Deutschland um den 'Siegfrieden' gebracht und ihm statt dessen die Revolution beschert zu haben, indem er das deutsche Volk mit den Vierzehn Punkten betört und betrogen habe.

Fraenkel und an ihn anknüpfend Peter BERG haben überzeugend nachgewiesen, daß diese beiden Wilson-Bilder nicht in erster Linie durch die außenpolitischen Gegensätze zwischen Deutschland und den USA, sondern durch die innenpolitischen Auseinandersetzungen in Deutschland geprägt worden sind. Die Rechte hielt ihren innenpolitischen Gegnern vor, daß sie auf die von vornherein nicht aufrichtig gemeinten Vierzehn Punkte des verlogenen und machiavellistischen Wilson hereingefallen sei, und sprach ihnen daher die politische Befähigung ab. Die Linke erkannte im Scheitern des ehrlichen, der Übermacht des Bösen unterlegenen Wilson ihr eigenes Versagen.

Es ist in der Tat begreiflich, daß angesichts der komplizierten Psyche Wilsons, der Vielschichtigkeit des Pariser Friedenswerkes und der Leidenschaftlichkeit, mit der es diskutiert wurde, das Wilson-Bild derart stark verzeichnet, dramatisiert und karikiert worden ist. Die sowjetrussische Geschichtsschreibung hat im übrigen ihre eigene Version beigesteuert, die auf Lenin zurückgeht und die man die Komplott-These nennen kann. Sie besagt nicht, daß Wilson einem Komplott zum Opfer gefallen sei, sondern umgekehrt, daß er selbst ein Komplott geschmiedet habe, indem er versucht habe, ein gegen den Bolschewismus gerichtetes Bündnis der Westmächte und Deutschlands zustande zu bringen.

Alle genannten Versionen dürfen heute als überwunden gelten. Selbst in der letzten sowjetrussischen Darstellung (von Skaba) ist von der Komplott-These nicht mehr viel zu spüren. Paul Birdsall hat in seinem 1941 erschienenen Buch auf wesentliche Unstimmigkeiten in den Vorstellungen über Wilson hingewiesen. Einmal erscheine das Vertragswerk nicht wilsonistisch genug, da es Deutschland entgegen den Vierzehn Punkten einen Straffrieden auferlegt, ein andermal sei es zu wilsonistisch, da es durch Anwendung des Selbstbestimmungsrechts den Donauraum atomisiert habe. Nach der Analyse der bis dahin veröffentlichten Quellen kommt Birdsall zu dem Ergebnis, daß Wilsons Kampf für sein Friedensprogramm gerade wegen der übergroßen Schwierigkeiten erstaunlich konsequent erscheine und daß Wilson eine hohe politische Befähigung bewiesen habe, als es darum gegangen sei, die abstrakten Grundsätze seines Programms in konkrete Einzelheiten umzusetzen. Abgesehen von seinen schweren Rückschlägen in der Reparations- und Schantungfrage habe er in der Kolonial-, Rheinland-, Saar- und Adriafrage dem Druck seiner Ratgeber, besonders des Obersten House, Kompromisse zu schließen, nicht nachgegeben. Die Weigerung des amerikanischen Senates, den Versailler Vertrag zu ratifizieren und in den Völkerbund einzutreten, habe das Wesen des von Wilson Erreichten verdunkelt. Trotz seiner Fehler "he emerges as the only man of real stature at Paris"[56].

Seit den Forschungen Birdsalls und Thomas A. Baileys zu

[56] Birdsall, Versailles, S. 295.

Beginn der vierziger Jahre werden in der Geschichtsschreibung zunehmend die objektiven Schwierigkeiten des Friedensschließens von 1919 gewürdigt und vornehmlich in ihnen, nicht in Wilsons Charakter, die Gründe für die Diskrepanzen zwischen Wilsons Friedenszielen während des Krieges und dem in Paris tatsächlich Erreichten gesehen. Angesichts dieser objektiven Umstände (Uneinigkeit unter den Siegern, Haltung des amerikanischen Senats zu Versailles, Bolschewismus, Sehnsucht der Massen nach einem schnellen Frieden usw.) erscheint es geradezu erstaunlich, wie stark Wilson das Pariser Vertragswerk immer noch geprägt hat. Der amerikanische Historiker N. Gordon LEVIN hat vor einigen Jahren zwischen dem alten, propagandistisch mannigfach verzerrten Wilson-Bild und dem neuen wissenschaftlichen, auf Grund einer breiteren Quellenlage gezeichneten eine Brücke zu schlagen versucht, wohl in dem richtigen Bestreben, das Pendel nicht wieder ins andere Extrem ausschlagen zu lassen: Er unterscheidet zwischen Wilsons kurzfristiger Absicht, Deutschland einen Straffrieden aufzuerlegen, und dem langfristigen Bestreben, es nach einer Zeit der Buße und Bewährung wieder in die Gemeinschaft parlamentarisch regierter Staaten aufzunehmen.

In Anknüpfung an Levin hat kürzlich Klaus SCHWABE in einer umfangreichen Studie vorgeschlagen, bei Wilsons Friedenspolitik gegenüber Deutschland drei Ebenen zu unterscheiden: eine erste, die kurzfristige, besonders die Ausführung des Waffenstillstands betreffende Entschlüsse umfaßte und auf der das Bestreben Wilsons im Vordergrund stand, Deutschland nach seinem Verfassungsumschwung in die neue liberale Weltordnung zu integrieren; eine zweite, auf der mittelfristige Ziele verfolgt wurden, das heißt die Ausarbeitung des Friedensvertrages und seine unmittelbare Ausführung, und auf der die Absicht überwog, Deutschland zu entmachten und zu bestrafen, zumal Wilson nun starke Zweifel an der Echtheit des Verfassungswandels in Deutschland hegte; und eine dritte, von der aus Wilson seine Fernziele ansteuern wollte, nach denen Deutschland in den Bund der Völker aufgenommen werden sollte und auch wieder die Rolle einer — nicht im militärischen Sinne verstandenen —

Großmacht spielen könnte. Diese langfristigen Vorstellungen werden in Wilsons Bestreben deutlich, alle für Deutschland ehrenrührigen Vertragsbestimmungen zeitlich zu limitieren oder sie in den Revisionsmechanismus des Völkerbunds einzuspannen.

Diese Unterscheidung ermöglicht es, die Diskrepanz zwischen Wilsons liberalen Friedenszielen während des Krieges und dem Geist des von ihm mitgeprägten Versailler Vertrages nicht zu verharmlosen. Man wird dann zwar nicht von einem Verrat der ursprünglichen Friedensprinzipien sprechen können, sondern höchstens von ihrer Verleugnung, der keine von vornherein gegebene böse Absicht zugrunde liegt. Die ungeheuren Schwierigkeiten, mit denen Wilson in Paris zu kämpfen gehabt habe, hätten, wie Schwabe bemerkt, in den letzten Konferenzwochen nicht mehr die Alternative gelassen: Kompromißfriede (im Sinne von Zugeständnissen an die alliierten Ziele) oder 'Wilson-Friede', sondern nur noch: Kompromißfriede oder gar kein Friede.[57] Wilson habe in Paris zu einer „Politik praktischer Verantwortung" gefunden und sich immer weniger „als der radikale Ideologe, als den er sich selbst in seinen Kriegsreden dargestellt hatte, sondern als pragmatischer Idealist" erwiesen.

Das Pragmatische in Wilsons Verhalten kommt nicht nur in der zeitbedingten Interessenpolitik zum Ausdruck, die Wilson *auch* betrieb (Forderung nach der 'Offenen Tür' im Nahen und Fernen Osten; Ablehnung des japanischen Verlangens nach Anerkennung der Rassengleichheit, die eine Einwanderungswelle in die USA aus Ostasien zur Folge gehabt hätte), sondern in den fernwirkenden Ergebnissen seiner Politik: Sie hat zur Erhaltung der deutschen Einheit beigetragen und im Krieg wie im Frieden den Grund für die Stellung der USA als Weltmacht gelegt.

Die nicht zu leugnende Härte gegenüber Deutschland 1919 erklärt sich gewiß nicht allein aus den 'objektiven Umständen', die Wilson in Paris vorfand, sondern auch in seinem durchaus widersprüchlichen Charakter und in seiner Weltanschauung. Darauf haben der beste Wilson-Kenner, Arthur S. Link, und in Anlehnung an ihn Klaus Schwabe wiederholt hingewiesen. Wilson spielte nicht nur die Rolle des Politikers, sondern auch — gerade in kritischen Stationen seiner Laufbahn — die Rolle des Propheten. Das Ideal, das er für sich er-

57 Schwabe, Deutsche Revolution, S. 652. Die folgenden beiden Zitate ebenda S. 653 und 659.

träumte, war das des christlichen Staatsmannes, das er in Gladstone verkörpert sah. Die seiner Weltanschauung innewohnende „Spannung zwischen liberaler Fortschrittlichkeit und puritanisch bestimmter Religiosität"[58] ist eine nicht unwichtige Erklärung für den Geist der Unduldsamkeit, in dem er Deutschland in Versailles behandelte.

Wilson hat nicht die Chance gehabt, seine langfristigen Friedensziele zu verwirklichen. Der politische Rückzug Amerikas aus Europa wird allgemein als einer der schwersten Geburtsfehler des Pariser Friedenswerkes angesehen. Über den dafür häufig verwendeten Begriff Isolationismus hat sich eine anhaltende wissenschaftliche Kontroverse entzündet, die hier nur angedeutet werden kann. Wilson selbst hatte in seinem Kampf um den Völkerbund sein Land zu beschwören versucht, sich nicht von dem Friedenswerk zu distanzieren, da es sonst einen neuen Weltkrieg vorbereiten helfe, der noch größere Opfer fordern werde. Wohl in Erinnerung an diese prophetischen Worte haben im Zweiten Weltkrieg Thomas A. Bailey und Paul Birdsall Amerikas Rückkehr zum Isolationismus als den „großen Verrat" bezeichnet. Zur gleichen Zeit hat Albert K. WEINBERG den Begriff der 'isolation' als zu vage und vieldeutig bezeichnet und gefordert, seine Verwendung aus der wissenschaftlichen Analyse zu verbannen. Nach ihm hat besonders William A. WILLIAMS den Isolationismus als eine die amerikanische Nachkriegspolitik unzutreffend kennzeichnende Doktrin deklariert und demgegenüber als kontinuierliches Muster der amerikanischen Politik des 20. Jahrhunderts die Open Door Policy angesehen. Werner LINK ist ihm darin in seiner kürzlich erschienenen Studie über die deutsch-amerikanischen Beziehungen in der Weimarer Zeit gefolgt.

Aber gerade der Hinweis auf die Politik der Offenen Tür zeigt, daß die Überlegungen in verschiedene Richtungen gehen.

[58] Schwabe, Wilson, S. 109. — Die kürzlich erschienene Arbeit über die amerikanische Politik auf der Pariser Friedenskonferenz von Floto, Colonel House at Paris, konnte für die obigen Ausführungen nicht mehr verwertet werden.

Isolation bedeutet *politisches* Disengagement, Non-entanglement gemäß dem 1796 von George Washington verkündeten Leitsatz[59]: "The great rule of conduct for us, in regard to foreign nations, is in extending our commercial relations, to have with them as little *political* connection as possible." 'Open Door Policy' bedeutet *Wirtschafts*expansion. Das eine schließt das andere natürlich nicht aus. Das Fernhalten von der Weltpolitik, vor allem von "entangling alliances" (Thomas Jefferson 1801), läßt begrifflich die Verflechtung mit der Weltwirtschaft zu. Allerdings muß in der Praxis des 20. Jahrhunderts die Trennung zwischen beiden Bereichen zu Konflikten führen. Bei der Auseinandersetzung zwischen Wilson und den Republikanern ging es nun nicht um die Wirtschaftspolitik, sondern um die politische Verantwortung für das Pariser Friedenswerk. Wilson wollte Amerika über den Völkerbund und den französisch-englisch-amerikanischen Garantiepakt in ein System der kollektiven Sicherheit einbinden, während die Republikaner unter den Senatoren Henry Cabot Lodge und William E. Borah eine möglichst bindungsfreie Außenpolitik forderten, die ein weltpolitisches Eingreifen von Fall zu Fall zuließ unter selbstgewählten und nicht vorher festgelegten Bedingungen.

5. Die Kriegsschuldfrage

Das amerikanische Disengagement in Europa und die Fehlbehandlung der russischen Frage müssen unter universalhistorischen Aspekten als die folgenreichsten Versäumnisse der Friedenspolitik nach dem Ersten Weltkrieg angesehen werden. Demgegenüber tritt die Erledigung der deutschen Frage zurück. Es muß aber wieder daran erinnert werden, daß aus der Sicht der damaligen Zeit die Dinge anders betrachtet wurden. Das

[59] Botschaften der Präsidenten der Vereinigten Staaten, S. 13. (Dort S. 102—108 auch der Text der Vierzehn Punkte am bequemsten zugänglich.)

jeweilige historische Interesse am Friedenswerk von Paris erscheint beinahe wie ein getreues Spiegelbild der jeweiligen zeitpolitischen Bedeutung, die man den 'großen' Friedensfragen zumaß. Für das Deutschland der Zwischenkriegszeit war Versailles das große Trauma. Entsprechend 'bedrückend' ist die Masse der Versailles-Forschung. Nach 1945 ist das politische Interesse an Versailles fast völlig verschwunden, mit ihm die historische Auseinandersetzung. Die Arbeiten von Erwin VIEFHAUS und Klaus SCHWABE bilden die Ausnahme.

Aus dem ungeheuren Komplex der Versailles-Forschung sollen die beiden wichtigsten Elemente, die Diskussion um den Kriegsschuldartikel und um die Reparationen, herausgegriffen werden. Die in den Augen der damaligen Generation vielleicht noch wichtigeren Territorialfragen sind in größerem Zusammenhang oben im Kapitel über das Selbstbestimmungsrecht der Völker mitbehandelt worden.

Man kann in genetischer Hinsicht bei der Auseinandersetzung um die Frage der Schuld am Ausbruch des Ersten Weltkrieges eine Kriegsschuldfrage im besonderen und eine solche im allgemeinen Sinn unterscheiden. Jene hat ihren Ausgangspunkt im sogenannten Kriegsschuldartikel 231 des Versailler Vertrages, der Deutschland (und seine Verbündeten) zum alleinigen Urheber des Weltkriegs erklärte, und versucht von daher die Ursachen des Weltkriegs zu analysieren, sodann zu einer Deutung, Bestätigung oder Widerlegung des Schuldspruchs zu kommen; sie sucht in einem vornehmlich moralischen Kategoriensystem nach der *Schuld* Deutschlands oder der anderen Mächte. Diese geht den Kriegsursachen ohne direkten Bezug auf Artikel 231 nach und forscht in erster Linie nach dem *Anteil* der einzelnen Mächte am Kriegsausbruch. In chronologischer Hinsicht läßt sich eine erste Kriegsschulddiskussion, die zwischen 1919 und 1942/43 (Veröffentlichung von Luigi ALBERTINIS Werk) geführt wurde, von einer zweiten unterscheiden, die 1961 durch das Erscheinen von Fritz FISCHERS Buch über den Weltkrieg ausgelöst wurde und heute noch nicht beendet ist. Im Hinblick auf die Interessenschwerpunkte der Forschung kann man nach Hermann HEIMPEL von einer in einem fast gesetzlichen Dreischritt erfolgten Verlagerung des Interesses von der Schuldfrage über die Ursachenfrage zur Strukturfrage sprechen.[60]

Der Hauptstreitpunkt der Diskussion um den Artikel 231 in der Zwischenkriegszeit ging darum, ob dieser Artikel eine pauschale moralische Verurteilung Deutschlands enthalte oder ob er — auf Grund seiner Plazierung vor den Reparationsklauseln des Vertrages — lediglich die juristische Haftung Deutschlands für die Wiedergutmachung der gesamten Kriegsschäden der Gegner bedeute, bevor in den folgenden Artikeln die tatsächlich eingeschränkte Zahlungsfähigkeit Deutschlands festgestellt wurde. Nachdem das Pendel von einem Extrem ins andere ausgeschlagen war, scheint es sich heute in der Ruhelage zu befinden; das heißt, Artikel 231 dürfte sowohl die Feststellung der Kriegsschuld als auch der generellen Zahlungsverpflichtung enthalten. Durch Fritz Dickmanns Erforschung der Genesis des Kriegsschuldartikels auf der Pariser Friedenskonferenz ist das Pendel in diese gegenwärtige Stellung gelangt.

Die grundsätzliche Forderung nach vollständiger Kriegskostenerstattung und ihre moralische Begründung waren 1919 in der Geschichte der europäischen Friedensverträge ein Novum. Da im europäischen Völkerrecht der Neuzeit (seit dem 16. Jahrhundert) die mittelalterliche Unterscheidung zwischen gerechten und ungerechten Kriegen aufgegeben worden war und der Krieg als legitimes Mittel der Politik souveräner Staaten zur Austragung von Machtkonflikten angesehen wurde, gab es in den Friedensverträgen keine Kriegsschuldklausel und keinerlei aus ihr abgeleiteten Ersatzansprüche. In zahlreiche Friedensverträge vom 17.

[60] Da die Kriegsschuld im weiteren Sinne mit den Pariser Friedenskonferenzen nur mittelbar (wenn auch sehr stark) zu tun hat, beschränken sich die folgenden Ausführungen auf die mit dem Artikel 231 des Versailler Vertrages zusammenhängenden Fragen. Eine Bilanzierung der seit 1961 geführten Kriegsursachenforschung erübrigt sich in diesem Rahmen auch deshalb, weil kürzlich Wolfgang Schieder einen übersichtlichen und ausgewogenen Bericht über den derzeitigen Forschungsstand vorgelegt hat: W. Schieder, Weltkrieg. Neuestens Mommsen, Domestic Factors, und Erdmann, Die Zeit der Weltkriege, S. 40—41, 52—57.

bis ins 19. Jahrhundert war vielmehr die sogenannte Amnestie- oder Oblivionsklausel aufgenommen worden, in der sich die Partner gegenseitiges Vergessen der vergangenen Streitpunkte zusagten.

Hugo Grotius schreibt in ›De jure belli ac pacis‹ (Liber III, cap. XX, § 17), daß Strafen gegen „Könige und Völker" selbst dann als erlassen anzusehen seien, wenn der Friedensvertrag keine entsprechenden Bestimmungen enthalte, „weil der Friede keine Sicherheit haben würde, wenn die alten Ursachen des Krieges gültig blieben". In Artikel II des ›Instrumentum Pacis Osnabrugense‹ wird der Strafnachlaß verkündet: „Sit utrinque perpetua oblivio et amnestia omnium eorum, quae ab initio horum motuum quocunque loco modove ab una vel altera parte ultro citroque hostiliter facta sunt." Ähnlich heißt es im Artikel II des Stockholmer Friedensvertrages zwischen Preußen und Schweden von 1720: „Es soll auch beyderseits eine immerwährende vergessenheit, und Amnestie alles dessent sein, was an der einen oder anderen seite, es sey auff was weise es wolle, feindliches oder widerwärtiges gegen einander vorgenommen sein mögte, und soll deren keines dem einen oder andern theil, oder jemand der seinigen in unguten jemahlen zu gerechnet, oder vergolten werden, sondern das alles soll hiemit todt, und absein."

Mit dem Wort „friedewirkendes Vergessen" hat ein Völkerrechtslehrer des 20. Jahrhunderts diese Vertragsbestimmungen charakterisiert[61] und damit deutlich gemacht, daß jene Friedensschlüsse eher auf dem Prinzip der Versöhnung als auf dem der Bestrafung und Wiedergutmachungspflicht beruhten. In der Praxis des Friedensschließens des 19. Jahrhunderts wird die Oblivionsklausel im umfassenderen Sinne (Vergessen der allgemeinen Kriegsursachen) allgemein aufgegeben (dagegen findet sie sich weiterhin in bezug auf den Straferlaß für die Rechtsverletzungen einzelner). Unter den in der Sammlung des Corpus Pacificationum für die Jahre 1792 bis 1913 enthaltenen 226 Friedensverträgen ist nur noch dreimal die Oblivionsklausel nachgewiesen worden. Im Sinne der Lehre von Grotius hat die Völkerrechtswissenschaft aber die Tatsache des Vergessens auch ohne ausdrückliche Nennung weiterhin anerkannt.

Allerdings macht sich im Laufe des 19. Jahrhunderts bis zum Ersten Weltkrieg eine Veränderung in der allgemeinen Anschauung über den Krieg bemerkbar. Dieser Bewußtseinswandel äußert sich auf publizistischer Ebene in einer immer breitere Kreise erfassenden Friedens-

[61] Vgl. Dickmann, Die Kriegsschuldfrage, S. 5.

bewegung, die periodische Friedenskongresse abhält, auf denen die Probleme des Friedens, der Schiedsgerichtsbarkeit, der Rüstungskontrolle diskutiert werden, und die entsprechendes Flugschriftenmaterial hervorbringt; und er äußert sich auf politischer und völkerrechtlicher Ebene in den beiden Haager Friedenskonferenzen. Der Friedensvertrag von Pretoria 1902 zwischen England und den Burenrepubliken sieht — ein wohl isoliertes, bisher kaum beachtetes Phänomen — die Bestrafung der Burenführer vor.

Der Weltkrieg führte im Lager der Entente und auch der USA zur Vorstellung von der moralischen Schuld Deutschlands am Kriegsausbruch. Sie nährte sich aus einem Deutschenhaß, der sich in dieser Form bis in die neunziger Jahre zurückverfolgen läßt, ferner aus dem von der Propaganda erzeugten Zerrbild vom preußischen Militarismus (dem auf deutscher Seite das Zerrbild von der bewußten Einkreisung Deutschlands entsprach) und natürlich aus den ungeahnten Leiden des Krieges selbst. Diese Vorstellung von der moralischen Alleinschuld Deutschlands, die auch die in Paris versammelten Staatsmänner teilten, und der allgemeine Abscheu gegenüber der von Deutschland entfesselten Aggression sind, wie Dickmann hervorgehoben hat, von fundamentaler Bedeutung für das Verständnis des Versailler Vertrages.

Der Übergang von der moralischen Wertung der vermeintlichen deutschen Kriegsschuld zu einer juristischen, insbesondere strafrechtlichen Beurteilung ist schon im zweiten Kriegsjahr festzustellen. Von hier führt ein direkter Weg zu der in den Khakiwahlen vom Dezember 1918 erhobenen Forderung: "The Kaiser must hang." Wilhelm II. und seine Helfershelfer sollen vor ein interalliiertes Tribunal gestellt und für das Verbrechen der Kriegsentfachung abgeurteilt werden. In Frankreich sieht man die Berechtigung dieser Maßnahme in dem allgemeinen Rechtsempfinden, das eine Bestrafung des unerhörten Verbrechens erheische und dem das Völkerrecht zu folgen habe. In England beruft man sich auf die Grundsätze des ungeschriebenen Common Law. Der amerikanische Standpunkt in Paris geht vom positiven Völkerrecht aus: Da nach dem im Jahre 1914 geltenden Völkerrecht der Krieg, auch der Angriffskrieg, nicht verboten war, liege eine Kriegsschuld im Rechtssinne nicht vor und könne nach dem fundamentalen Rechtssatz „Nulla poena sine lege“ auch nicht rückwirkend geahndet werden.

Diese unterschiedlichen Anschauungen prallten in der Kriegsschuldkommission und im Viererrat aufeinander. Aus den Mantoux-Protokollen und den von Philip M. BURNETT veröffentlichten Quellen ergibt sich deutlich, wie sich Wilson Zug um Zug aus seiner Position zurückdrängen ließ und den Vertretern Englands und Frankreichs, die unter dem Druck der öffentlichen Meinung standen, schließlich die Strafbestimmungen der Artikel 227—230 mit dem Tribunal konzedierte.

Der Artikel 231, der eigentliche Kriegsschuldartikel, ist bezeichnenderweise nicht in der Kriegsschuldkommission, sondern im Schoße des Reparationsausschusses entstanden. In den Diskussionen dieses Ausschusses haben die in der Lansingnote vom 5. November 1918 enthaltenen Begriffe 'aggression' und 'reparation' eine große Rolle gespielt. Der erste wurde allmählich umgedeutet von 'militärischer Angriffsoperation', womit die von Deutschland erklärte Kriegseröffnung gemeint war, in den umfassenden 'Angriffskrieg'. 'Reparation' erhielt anstelle der ursprünglich gemeinten Bedeutung 'Wiedergutmachung' für die in den besetzten Gebieten angerichteten Zivilschäden den auf Smuts und Lloyd George zurückgehenden Sinn der Kriegskostenentschädigung (andernfalls drohten Großbritannien und die Dominions leer auszugehen). Die Franzosen verlangten darüber hinaus den 'integralen' Kriegskostenersatz, das heißt sie proklamierten den Grundsatz völliger Wiedergutmachung. Bei ihnen spielten, wie Arno J. Mayer und Pierre Miquel nachgewiesen haben, innenpolitische Motive eine starke Rolle (Inflation; Protestkampagne gegen die das Kapital treffenden Steuerpläne der Regierung: « Le boche paiera! »). Da aber die Forderung nach integraler Reparation, in die auch die Pensionsansprüche der Kriegsinvaliden und der Hinterbliebenen von Kriegsopfern einbezogen wurden, mit dem Sinn und Wortlaut des als Pactum de contrahendo anerkannten deutsch-amerikanischen Notenwechsels (darunter der Lansing-Note) nicht vereinbart werden konnte, sollte sie mit der Kriegsschuld Deutschlands begründet werden.

Hier liegt die verhängnisvolle Verknüpfung der Reparationsfrage mit der Kriegsschuldfrage. Man wollte — und die Amerikaner gestanden das schließlich wider ihre ursprüngliche entschiedene Auffassung zu — an den Anfang der Reparationsbestimmungen den *grundsätzlichen* Anspruch auf *vollen* Schadenersatz stellen, „um einen wirkungsvollen Hintergrund für die freiwillige Selbstbeschränkung der Sieger zu schaffen“[62]; denn über die begrenzte Zahlungsfähigkeit Deutschlands war man sich im klaren. Verhandlungstaktisch hatte zudem der mit der Kriegsschuld begründete Grundsatz der generellen Zahlungsverpflichtung den Vorteil, daß man den Deutschen nicht, wie es der amerikanische Standpunkt erfordert hätte, jede einzelne Vertrags- und Völkerrechtsverletzung als Grundlage für die einzelnen Wiedergutmachungsposten nachzuweisen brauchte.

Die Konstatierung der deutschen Kriegsschuld im Artikel 231 war also, dem ursprünglichen Kalkül entsprechend, nicht Selbstzweck, sondern sie hatte funktionale Bedeutung. Durch die scharfe deutsche Reaktion trat diese Hilfsfunktion allmählich in den Hintergrund. Klaus Epstein hat in seiner Erzberger-Biographie die gewichtige Frage gestellt, ob nicht eine Verhandlungsführung unter dem geschmeidigeren Erzberger anstelle des schroffen Brockdorff-Rantzau diesen Prozeß vermieden haben könnte. An seinem Ende jedenfalls, mit der Mantelnote vom 16. Juni 1919 als krönendem Abschluß, hatte der Artikel 231 einen vollen Eigenwert erlangt.

Der Schuldspruch entfachte sofort eine leidenschaftlich geführte, riesige Kriegsschuldforschung. Die Leidenschaften wogten nicht nur zwischen Deutschland und den Siegermächten hin und her, sondern auch innerhalb Deutschlands zwischen den Links- und Rechtsparteien. Gerade dieser letzte Aspekt, die Bedeutung

[62] Dickmann, Die Kriegsschuldfrage, S. 58. — Zu der im folgenden genannten Erzberger-Biographie von Klaus Epstein vgl. neuerdings die knapp gefaßte Erzberger-Biographie von Eschenburg.

der Kriegsschuldforschung für die innenpolitische Auseinandersetzung, ist noch nicht systematisch untersucht. Von seiten der deutschen Regierung wurde die Bildung eines parlamentarischen Untersuchungsausschusses veranlaßt, der im Laufe der zwanziger Jahre umfangreiches Dokumenten- und Zeugenmaterial publizierte, viel Material aus politischen Gründen aber auch unveröffentlicht ließ. Das Auswärtige Amt richtete ein eigenes Kriegsschuldreferat ein und veröffentlichte innerhalb von sechs Jahren vierzig Bände Akten unter dem Titel „Die Große Politik der Europäischen Kabinette". Sie stellen trotz einiger in der Zwischenzeit festgestellter Mängel eine einmalige editorische Leistung dar und sind als die wichtigste Frucht der Kriegsschuldforschung anzusehen, zumal sie auch Anstoß zu Parallelveröffentlichungen auf seiten der Siegermächte gaben.

Als allgemein anerkanntes Ergebnis der Kriegsschuldforschung der Zwischenkriegszeit darf ein Wort des Verfassers jener haßerfüllten Mantelnote, Philip Kerrs, gelten, das er 1937 vor dem Royal Institute of International Affairs sprach[63]: „Der Versailler Vertrag gründete sich auf die Theorie von Deutschlands Alleinschuld am Weltkriege. Ich glaube, niemand, der die Vorgeschichte des Krieges ernsthaft studiert hat, kann diese Ansicht sachlich begründet heute aufrechterhalten. [...] Am Ende des Krieges jedoch hatten wir uns eingeredet, daß Deutschland allein an dem Unglück schuld sei. Diese Überzeugung war das Ergebnis von Meinungen, die wir uns auf Grund eines sehr unzureichenden Materials, ergänzt durch die Propaganda der Kriegszeit, gebildet hatten. Das Wesen der Kriegspropaganda aber bestand darin, die Einigkeit und Moral der eigenen Landsleute aufrechtzuerhalten durch den Nachweis, daß wir völlig recht, der Feind aber völlig unrecht habe. Auf diesem Grundsatz war der Versailler Vertrag aufgebaut."

Als Zwischenbilanz der nun schon zwei Jahrzehnte lang geführten zweiten deutschen Kriegsschulddiskussion kann die 1968 von Theodor SCHIEDER getroffene Feststellung angesehen werden,

[63] Zitiert bei Berber, Lehrbuch des Völkerrechts II, S. 20, Anm. 2.

daß „der unmittelbare *Anteil der deutschen Politik* erheblich größer bemessen werden muß, als es von der deutschen Geschichtsschreibung früher getan wurde“ [64]. Die Vorläufigkeit dieser Feststellung muß um so mehr betont werden, als eine parallele Bestandsaufnahme außerhalb Deutschlands unter ähnlicher Fragestellung (Untersuchung der innenpolitischen Voraussetzungen und der gesellschaftlichen Strukturen der außerdeutschen Staaten) kaum erst begonnen hat.

6. Die Reparationen

Der Schuldspruch des Artikels 231 hat dem Versailler Vertrag eine moralische Grundlage gegeben, die keiner der Friedensschlüsse der Neuzeit gehabt hatte. In ›Les conséquences politiques de la paix‹ schrieb Jacques Bainville [65]: « D'autres traités avaient été des traités politiques. Celui-là était un traité moral. »

Auch die wirtschaftlichen und finanziellen Bestimmungen des Versailler Vertrages sind in ihren Dimensionen ein Novum in der Geschichte der Friedensschlüsse. John Maynard Keynes, Mitglied der britischen Delegation, hat sie in seiner im Dezember 1919 erschienenen Schrift ›The Economic Consequences of the Peace‹ ad absurdum geführt. Diese Anklageschrift hat ein Echo ausgelöst, wie es in der neueren Geschichte wohl nur noch Edmund Burkes ›Reflections on the Revolution in France‹ von 1790 und Gladstones ›Bulgarian Horrors‹ von 1876 gehabt haben.

Neben Keynes haben auch andere Delegationsmitglieder schwere Bedenken gegen die wirtschaftlichen Bestimmungen des Friedensvertrages erhoben. Bereits im Mai 1919 hatte General Smuts in einem Brief an

[64] Th. Schieder, Europa im Zeitalter der Nationalstaaten, S. 157. Theodor Schieder hat auch eine anregende Skizze der europäischen Friedensschlüsse von 1815—1919/20 geschrieben: Th. Schieder, Europäische Friedensschlüsse.

[65] Bainville, Les conséquences politiques, S. 15 (dt. S. 37).

Lloyd George den Reparationsplan für undurchführbar gehalten, weil er „die Gans, die die goldenen Eier legen sollte, töten müsse“[66]. Lloyd George wies im Viererrat, wie wir aus den amerikanischen Protokollen wissen, mit großem Freimut auf den Teufelskreis hin, in dem er und Clemenceau sich in dieser Frage bewegen mußten[67]: "Any figure that would not frighten them [the Germans] would be below the figure with which he and M. Clemenceau could face their peoples in the present state of public opinion."

Keynes stellte in seiner Kritik vor allem die kumulativen Wirkungen der wirtschaftlichen und finanziellen Bestimmungen heraus. Der Vertrag sei nicht nur unmoralisch, sondern undurchführbar. Auf Grund der beschlossenen und der noch vorgesehenen Territorialabtretungen (vor allem Oberschlesien) sowie der geforderten Liefermengen verliere Deutschland mehr als ein Drittel seiner jährlichen Vorkriegsproduktion an Kohle. Bei der Eisenerzgewinnung liege der Satz sogar bei 75 %. Deutschland verliere den größten Teil seiner Handelsflotte, es müsse entschädigungslos auf seine Kolonien verzichten und sein Auslandsvermögen hergeben. Seine Handelsbeziehungen mit den Überseeländern würden systematisch zerstört, die Absatzmärkte im Osten seien ihm verschlossen. Sein Verkehrs- und Zollsystem werde fremder Kontrolle unterworfen. Über diese wirtschaftlichen Bestimmungen hinaus würden von Deutschland Reparationen gefordert, die es gar nicht zu leisten imstande sei: Auf Grund der Waffenstillstandsabmachungen hätte Deutschland schätzungsweise höchstens 15 Mrd. Dollar zu zahlen. Durch die Einbeziehung der Militärpensionen komme ein Betrag von rund 25 Mrd. hinzu. Bis zum 1. Mai 1921 müsse Deutschland Reparationen (durch Abschlagszahlungen, Sachlieferungen u. ä.) im Wert von 15 Mrd. leisten. Durch die Verzinsung der restlichen 25 Mrd. belaufe sich die Schuld Deutschlands im Jahre 1936 — unter der Annahme, daß es 750 Mio. pro Jahr zu zahlen in der Lage sei — auf das Anderthalbfache der ursprünglichen Schuldsumme (in 15 Jahren verdoppelt sich ein zu 5 % verzinster Betrag)! Die Kohle- und Reparationsartikel seien also eine Zusammenstellung von "foolish, idle words", die keinerlei Beziehung zur Realität hätten.

Keynes hatte auch schon auf die später tatsächlich eingetretenen Schwierigkeiten hingewiesen, die ein Transfer solch hoher Reparations-

[66] Smuts, Papers IV, S. 184.

[67] Papers Relating to the Foreign Relations of the U.S. VI, S. 261.

zahlungen mit sich bringen mußte. Sie bestanden darin, daß Reparationen, die in Mark zu erbringen wären, sich nur durch Devisen (oder Gold) an ausländische Gläubiger übertragen ließen; diese Devisen wiederum hätten nur aus Exportüberschüssen gewonnen werden können; an einem forcierten Export Deutschlands waren aber die Alliierten, besonders England, nicht interessiert.

Die ausführlichste Gegenkritik gegen Keynes kam erst über 25 Jahre später. 1946 erschien in englischer und französischer Sprache ein von Etienne MANTOUX, Sohn des Dolmetschers im Viererrat Paul Mantoux, verfaßter Anti-Keynes unter dem Titel ›The Carthaginian Peace‹ (›La paix calomniée ou les conséquences économiques de M. Keynes‹). Mantoux erhob folgende Haupteinwände, die in der Geschichtsforschung vielfach rezipiert worden sind: Die Franzosen hätten nach 1871 ihre relativ hohe Kriegsentschädigung vor der festgesetzten Frist geleistet, ohne daß man je von Transferschwierigkeiten gehört habe. In viel größerem Umfang hätten Geldbewegungen während des Ersten Weltkriegs stattgefunden. Großbritannien habe jährlich den vierfachen, die USA hätten den zehnfachen Betrag dessen an ihre Verbündeten transferiert, was Keynes als von Deutschland zahlbare Summe angesetzt habe. Schließlich erinnerte Mantoux an die Ausbeutungspolitik des Dritten Reiches im besetzten Europa: Seit 1940 seien jährlich fast 10 Mrd. Mark in das Deutsche Reich transferiert worden. Und was die innere Zahlungsfähigkeit Deutschlands angehe, so brauche man nur an die ungeheuren Ausgaben für die deutschen Rüstungen nach 1933 zu denken.

Das letzte Argument ist rasch abzutun: Die Aufrüstung des Dritten Reiches konnte nur durch eine hohe Verschuldung finanziert werden. Aber auch die anderen Einwände stoßen, wie der Keynes-Biograph Roy F. HARROD nachgewiesen hat, im wesentlichen ins Leere: 1. Die Kontributionen im Zweiten Weltkrieg konnten außer durch die Zwangsmethoden der Besatzungstruppen nur dadurch transferiert werden, daß Deutschland aus den betreffenden Ländern kräftig importierte; 2. bei den Kreditoperationen im Ersten Weltkrieg gingen dem amerikanischen Kapitalexport ausgedehnte Warenverkäufe voraus (Regel: der Kapitalempfänger muß gleichzeitig entsprechender Warenempfänger sein);

3. Frankreich hatte sich nach 1871 die Mittel für die Kriegsentschädigung zum größten Teil aus seinen im Ausland befindlichen Kapitalanlagen beschafft.[68]

Aus Mantoux' Buch wird deutlich, daß der Verfasser im Grunde genommen gar nicht die wirtschaftlichen Bestimmungen des Pariser Vertragswerks für die Hauptursache seines Scheiterns hält, sondern dessen politische Fehler und Folgen. Ganz im Sinne von Bainville, Churchill u. a. sieht er sie in der Aufteilung des Donauraumes und Ostmitteleuropas in eine Vielzahl kleiner Staaten. Die politische Verfassung Kontinentaleuropas — die Existenz eines machtbewußten Siebzigmillionenvolkes in der Mitte, umgeben von einem Kranz von Kleinstaaten, die sich zur Erhaltung ihrer Unabhängigkeit auf entfernt liegende Mächte stützen müssen — sei zum Scheitern verurteilt gewesen, weil sie sich nicht im Zustand eines echten Gleichgewichts befunden habe.

Von einem in der wirtschaftstheoretischen Argumentation ernster zu nehmenden Fachmann, Etienne Weill-Raynal, seinerzeit Mitglied der Reparationskommission, ist die Frage gestellt worden, ob es denn im französischen Interesse gelegen habe, die englische Forderung auf Einbeziehung der Militärpensionen zu unterstützen. Die Frage muß eindeutig verneint werden. Denn der Anteil Frankreichs an den gesamten Sachschäden der Alliierten betrug 54,4 %, an den Personenschäden dagegen nur 37,9 %; mit Annahme des englischen Vorschlags mußte der französische Anteil an den Reparationen sinken. Reparationen auf der Basis der amerikanischen Vorstellungen (Wiederherstellung der be-

[68] Nach den amtlichen französischen Angaben (vgl. Journal des Débats vom 21. 10. 1874) wurden von den 5,3 Mrd. frs Kriegsentschädigung (einschließlich Zinsen) 4,3 Mrd. in ausländischen Wertpapieren und nur 0,7 Mrd. in bar bezahlt; die restlichen 0,3 Mrd. wurden mit den Eisenbahnen im abgetretenen Elsaß-Lothringen aufgerechnet. — Die kürzlich erschienene Arbeit von Krüger, Deutschland und die Reparationen konnte für die vorliegenden Ausführungen nicht mehr benutzt werden. Zu den Themen Kriegsfinanzierung und Reparationen vgl. jetzt auch, mit Literaturangaben, Erdmann, Die Zeit der Weltkriege, S. 115—116, 202—203.

setzten Gebiete) hätten in der Hauptsache als Sach- und Arbeitsleistungen erbracht werden müssen (Wiederaufbau von Bergwerken, Gebäuden, Verkehrswegen usw.), wären also in erster Linie Frankreich zugute gekommen. Durch Einbeziehung der Pensionen wurde das Problem im wesentlichen auf die Ebene des Finanziellen verlagert. Der Friede wurde, wie es Bainville formuliert hat, für England 'in bar' und für Frankreich 'auf Kredit' abgeschlossen. Auf dem Papier hatte Frankreich zwar einen größeren Anteil an Deutschlands Schulden bekommen. In Wirklichkeit aber war sein Kontingent an den tatsächlich zu leistenden Zahlungen gesunken. Die Erklärung für den französischen Fehler findet sich, wie oben angedeutet, in der Erregung der 'öffentlichen Meinung'.

Es ist in der publizistischen und offiziösen deutschen Stellungnahme gegen Versailles, aber auch von bedeutenden Nationalökonomen der Weimarer Zeit immer wieder darauf hingewiesen worden, daß die Reparationsregelung von Versailles und der entsprechenden Nachkriegskonferenzen den Hauptantriebsfaktor der Inflation von 1923 gebildet hätten. So erklärte Walter Eucken 1923[68a]: „Die Hauptursache des Defizits aber liegt in den gewaltigen Lasten, die der Vertrag von Versailles und der Ruhreinbruch auf die Staatskasse gebürdet haben." Von französischer Seite ist demgegenüber der Vorwurf erhoben worden, daß Deutschland die Mark absichtlich zerstört habe, um seinen Reparationsverpflichtungen zu entgehen. Eine späte Nachwirkung dieser These vom böswilligen Deutschland ist das Buch von Etienne Mantoux.

Gegen die deutschen Vorstellungen wandte sich der italienische Inflationstheoretiker Costantino Bresciani-Turroni mit dem Argument, daß zwar die Deutschland auferlegten Reparationslasten zu dem Staatsdefizit der Jahre 1920—23 beigetragen hätten, daß diese aber, wie sich aus den deutschen Quellen selbst ergebe, „nicht die einzige Ursache und nie die wichtigste" gewesen

68a Eucken, Kritische Betrachtungen, S. 40.

seien.[69] Auf dieser Argumentationslinie hat sich die Forschung im wesentlichen bis heute gehalten.

Am Beginn der deutschen Nachkriegsinflation steht nicht der Versailler Vertrag von 1919, sondern der Kriegsausbruch von 1914. Die deutsche Kriegsfinanzierung hat den Grund für die inflationäre Entwicklung der Nachkriegszeit gelegt. Der Weltkrieg wurde, wie alle größeren Kriege des 19. und 20. Jahrhunderts, mit Hilfe von vier Quellen finanziert: Anleihen, Steuern, Geldvermehrung und Auslandskrediten. Während für Deutschland die vierte Quelle nahezu verstopft blieb, nahm es von den anderen drei besonders die erste in Anspruch. Der Anteil der Steuern an den Gesamtausgaben für den Krieg hat, wie aus der jüngsten Darstellung der deutschen Kriegsfinanzpolitik, dem Buch von Konrad ROESLER, hervorgeht, nur 13 % ausgemacht.

Diese fatale ungleichmäßige Verteilung liegt zum einen in falschen theoretischen Vorstellungen begründet: man sah in der Kriegsfinanzierung in erster Linie ein geldwirtschaftliches und finanztechnisches, statt ein güterwirtschaftliches Problem; zum anderen spielten dabei auch institutionelle Schwierigkeiten eine maßgebliche Rolle: die Einzelstaaten hüteten wie in den Vorkriegsjahrzehnten ängstlich ihre Steuerhoheit besonders in bezug auf die Einkommensteuer.[70] Wegen dieser Umstände, ferner wegen der Hoffnung auf ein rasches Kriegsende und der Vorstellung, daß Anleihen die Last des Krieges auf die Nachkriegszeit verteilen, wenn nicht gar dem besiegten Gegner aufbürden würden, erschien die Anleihepolitik als das bequemste Mittel zur Finanzierung des Krieges. Ihr Erfolg — die 'Kriegsanleihewunder' — lag aber nicht nur an der Beteiligung aller Volkskreise an der Aufbringung der Anleihen, sondern ebensosehr an der Inanspruchnahme der Notenpresse. Die Anleihepolitik hat also bereits eine Kriegsinflation hervorgerufen; diese traf besonders den Mittelstand.[71] Die langfristige Verschuldung des Reiches betrug bei Kriegsende 89 Mrd. Mark. Hinzu kam eine schwebende Schuld, die aus der seit dem Frühjahr 1916 be-

[69] Bresciani-Turroni, The Economics of Inflation, S. 93.

[70] In der deutschen Finanz- und Steuerpolitik von Bismarck bis zum Ende der Weimarer Republik läßt sich eine der wenigen *direkten* Verbindungslinien (Kontinuitätsproblem!) von Bismarck bis Hitler ziehen.

[71] Hier liegt der Beginn der berühmten 'Depossedierung des Mittelstandes'. Die unteren Einkommensgruppen konnten ihre Stellung verbessern. Die 'Kriegsgewinnler' waren Bauern- und Unternehmerschaft.

vorzugten Ausgabe von Schatzanweisungen herrührte, von insgesamt 55 Mrd. Mark. Die umlaufende Geldmenge hatte sich von 6 Mrd. bei Kriegsausbruch auf 28,4 Mrd. zum Zeitpunkt des Waffenstillstandes vermehrt.

Weitere Gründe für die Markzerstörung von 1923 neben der Kriegsinflation waren ein monetärer und inflationärer Fatalismus der für die Wirtschaftspolitik maßgebenden Organe, der Reichsregierung und der Reichsbank. Auch hatten bestimmte Kreise in der Industrie und Spekulationswelt ein Interesse an der inflationären Entwicklung (da sie sich bequem in Sachwerten und in Devisen engagieren konnten). Obwohl die These von einer Verschwörung der Industrie gegen die Mark ernsthaft nicht vertreten werden kann (Lied vom bösen Mann Stinnes!), ist sicher, daß die Industriekreise zur Anheizung der Inflation wesentlich beigetragen haben (Bresciani-Turroni).

Unter Inflationstheoretikern herrscht heute allgemein die Anschauung, daß ein zwingender Zusammenhang zwischen Reparationen und Inflation nicht bestanden habe. Der Schweizer Wirtschaftshistoriker Erich WÜEST weist darauf hin, die entscheidende Frage sei nicht dahin zu formulieren, ob die Reparationen einen relativ kleinen oder großen Anteil an den für die Inflation in erster Linie verantwortlichen staatlichen Haushaltsdefiziten gehabt hätten, sondern dahin, ob trotz der sich aus dem Versailler Vertrag ergebenden Lasten „eine Ausbalancierung des Etats unter Zuhilfenahme irgendwelcher Methoden der Wirtschaftspolitik dennoch zu erreichen war“[72]. Eine solche Ausbalancierung hätte selbst in dem schon relativ fortgeschrittenen Stadium der Jahre 1921 und 1922 noch verwirklicht werden können, wenn folgende Maßnahmen ergriffen worden wären: Einleitung einer autonomen, das heißt vor allem von der Reichsregierung unabhängigen, geldwerterhaltenden Politik der Reichsbank, im Zusammenhang damit rigorose Quantitätskontrolle der zentralen Geldschöpfung gegenüber privaten Kreditnehmern und besonders gegenüber dem Staat, endlich die definitive Bindung der provi-

[72] Wüest, Versailles, S. 176.

sorisch verknappten Geldmenge, etwa durch Wiederherstellung der Goldkonvertibilität. Eine Reduzierung des Geldwertes ist ja schließlich unter wesentlich schlechteren Bedingungen Ende 1923 doch zustande gekommen.

Die Weiterzahlung der Reparationen ist nach Beendigung der Inflation unter veränderten Verhältnissen fortgesetzt worden. Man hat im Anschluß an ein Wort des englischen Premierministers Ramsay MacDonald den Dawesplan als den eigentlichen Friedensschluß am Ende des Ersten Weltkriegs oder auch als den 'American' bzw. 'economic peace' bezeichnet — Locarno wurde entsprechend als der eigentliche politische Friedensschluß (sieht man von dem Problem des 'Ost-Locarno' ab) betrachtet. Die Reparationsexperten haben jetzt scharf zwischen der inneren Aufbringung und dem äußeren Transfer der Reparationszahlungen unterschieden. Vorbedingung für die innere Aufbringung war der Ausgleich des Staatshaushaltes, Voraussetzung für den Transfer ein Exportüberschuß. Die deutschen Reparationsleistungen der folgenden Jahre entsprangen aber nicht einem Überschuß der Zahlungs- und Handelsbilanz, sondern den amerikanischen Krediten, die nun nach Deutschland hereinströmten. Deutschland hat also in den Jahren bis zum Youngplan keine substantiellen Reparationen geleistet; sie sind vielmehr von den kreditierenden Gläubigern transferiert und gezahlt worden.

Mit dem Hinweis auf den Zusammenhang zwischen der Reparationsregelung und der wirtschaftlichen Lage der Weimarer Republik, auf die Bedeutung der Inflation für die wirtschaftliche Enteignung und die soziale Entwurzelung des Mittelstands, auf die Rolle des Youngplans in der nationalsozialistischen Agitation und schließlich mit dem Hinweis auf die Weltwirtschaftskrise, die in Deutschland durch die Folgen des Dawes- und Youngplanes verschärft worden ist, hat man häufig eine Kausalkette zwischen dem Versailler Vertrag und dem A u f s t i e g H i t l e r s herzustellen versucht. Man hat sogar in einer fast grotesk erscheinenden Personalisierung dieses wirtschaftlichen Komplexes den streitbaren Keynes mit einer Mitschuld am Aufkommen der totalitären Strömungen behaften wollen, indem man den Propagandawert seiner Schrift für die amerikanische Opposition gegen Versailles 1920 und für die nationalsozialistische Agitation gegen Versailles in den folgenden Jahren hervorhob. Man hat auf die Problematik der militärischen Bestimmungen des Vertrages hingewiesen: Ein kleines Berufsheer mit langer Dienstpflicht von der Art des Hunderttausend-Mann-Heeres habe in eine junge, noch nicht etablierte Demokratie kaum integriert werden können. Neben den wirtschaftlichen und militärischen Bestimmungen hat man natürlich vor allem die Territorialregelung und die ungelösten Nationalitätenfragen, schließlich den Kriegsschuldartikel als wichtige Glieder in dieser Kausalkette bezeichnet.

Nun lassen sich die vor Versailles warnenden Stimmen bereits auf die Pariser Friedenskonferenz selbst zurückverfolgen (Smuts, Lloyd George, General Bliss, William C. Bullitt u. a.). General Smuts insbesondere hat im Mai und Juni 1919 eine Reihe eindringlicher Briefe an die 'Großen Vier' gerichtet: Die Ostbestimmungen bezeichnete er als den Versuch, „auf Flugsand ein Haus zu bauen“ [73]; der Deutschland überreichte Vertragsentwurf sei ein Kriegsvertrag, nicht ein Friedensvertrag. Er, Smuts, wolle seine Unterschrift nicht unter ein Dokument setzen, das, wie es 1914 schon einmal gewesen sei, nur einen „Fetzen Papier“ darstelle. Damals auch kam das makabre Bonmot auf, der Friedensvertrag mit Deutschland enthalte alle Keime eines „gerechten und dauerhaften Krieges“ [74]. Eine der vielen Sentenzen Bainvilles lautete: Der Friedensvertrag von Versailles organisiere den ewigen Krieg. In einer Artikelserie in ›L'Action Française‹ vom Mai 1919 sagte er voraus, 1934 werde das „Wendejahr“ sein, in dem das Friedenswerk auf die Probe gestellt werde; Deutschland werde seine Rache eher an Polen und der Tschechoslowakei als an Frankreich nehmen. Der italienische Ministerpräsident Francesco Nitti, Nachfolger Orlandos, bezeichnete 1921 den Frieden als eine Täuschung; er bereite die Elemente neuer, noch schlimmerer Kriege vor. Nitti prägte das Wort vom „friedlosen Europa“.

Allen diesen Zeugnissen liegt das beklemmende Gefühl zugrunde, daß der Friede bald zerbrochen sein und der Krieg wiederkommen werde. Es läßt sich 1815 noch kaum, wohl aber schon 1856 und 1878

[73] Smuts, Papers IV, S. 186. Zum folgenden ebenda S. 208.

[74] Der holländische Gesandte van Swinderen im Gespräch mit dem englischen Diplomaten Esme Howard of Penrith (Howard, Theatre of Life II, S. 375).

beobachten. Lloyd George hielt in seinen Memoiren die Bestimmungen über die Rheinlande als eine Ursache für den Aufstieg Hitlers. Der englische Botschafter Nevile Henderson bezeichnete in seinen Berichten aus Berlin und in seinen Erinnerungen Versailles insgesamt als einen der Hauptgründe für die Entwicklung zum Nationalsozialismus. Der Sozialdemokrat und ehemalige preußische Ministerpräsident Otto Braun beantwortete 1940 im Exil die Frage nach dem „Wie war es möglich?" mit der lapidaren Bemerkung: „Versailles und Moskau"[75]. Noch 1955 hat der bekannte italienische Historiker Mario Toscano auf dem Internationalen Historikerkongreß in Rom scharfe Kritik an den Pariser Friedensverträgen geübt und in ihnen den natürlichen Ausgangspunkt der Entwicklung gesehen, die in die Katastrophe von 1939 mündete.

Die intensive Erforschung der Ursprünge des Nationalsozialismus hat zur Anschauung eines viel weiter verzweigten Ursachengeflechts geführt, als es solchen Urteilen zugrunde liegt. Der Anteil des Versailler Vertrages und seiner unmittelbaren Folgen am Aufkommen der Hitler-Diktatur wird exakt nie zu bestimmen sein. Als entscheidend wird er heute allgemein nicht mehr angesehen. Versailles war schon in zentralen Punkten revidiert, als Hitler an die Macht kam. Die funktionale Bedeutung von Versailles — Versailles als vorzügliches Agitationsinstrument — dürfte dagegen weit höher zu veranschlagen sein als seine kausale Bedeutung. Hitler selbst hat diesen Zusammenhang einmal — wohl ungewollt — hergestellt, als er in einer Rede vom 22. März 1936 die von seinem Biographen Alan Bullock zitierte Bemerkung tat, diejenigen würden irren, die glauben, daß über dem Eingangstor zur neuen Ordnung das Wort „Versailles" stehen könne.[76]

Als unbeabsichtigte Ehrenrettung für Keynes — falls es dieser

[75] Zitiert bei Eberhard Kolb in seiner Einleitung zu ›Vom Kaiserreich zur Weimarer Republik‹, S. 23. — Die von Kolb besorgte Textzusammenstellung betrifft neben dem Versailler Vertrag innenpolitische Probleme Deutschlands 1918/19. Eine Textzusammenstellung für den Studienbetrieb im angelsächsischen Bereich ist: The Versailles Settlement.

[76] Bullock, Hitler, S. 315 (dt. S. 345).

heute noch bedarf — und als ebenso unbeabsichtigte Relativierung des Zusammenhangs von Reparationen und Aufstieg des Nationalsozialismus sind auch die Ergebnisse der gründlichen Erforschung des deutsch-amerikanischen Verhältnisses in der Weimarer Zeit anzusehen. In Ergänzung der Studie von Dieter Bruno GESCHER aus dem Jahre 1956 über das amerikanische Engagement in der Reparationsfrage bis zum Dawesplan sind 1965 die Arbeit von Robert GOTTWALD über die politischen Beziehungen zwischen Deutschland und den USA in der Ära Stresemann und 1971 die Untersuchung von Eckhard WANDEL über die Bedeutung der USA für die Reparationsfrage nach dem Dawesplan bis 1929 erschienen.

Die umfassendste ist aber die 1970 veröffentlichte Studie von Werner LINK. Ihr Hauptertrag läßt sich so formulieren: Die USA blieben dank ihrer führenden Rolle in der Weltwirtschaft auch weiterhin an der Weltpolitik beteiligt — entgegen der Isolationismusthese; Deutschland strebte auf dem Wege über die Weltwirtschaft nach der Rückkehr in die Weltpolitik. Indem die USA durch Ablehnung der Wilsonschen Friedensstrategie, durch den Abschluß eines Separatfriedens mit Deutschland 1921, durch ihre vermittelnde Stellung in den Reparationsfragen und durch ihr starkes wirtschaftliches Interesse an Deutschland immer mehr in die Rolle einer 'dritten Partei' zwischen den Kontrahenten von Versailles hineinwuchsen und dadurch, daß England seine schon in Versailles aufgekommenen Appeasement-Anwandlungen nicht mehr loswurde, stand Stresemanns Versuch, Deutschland den Status einer Großmacht zurückzugewinnen, unter günstigen Vorzeichen. Das gegenseitige wirtschaftliche Interesse, das eine 'vernünftigere' Reparationsregelung bedingte, führte auch zu einer politischen Interessenparallelität zwischen Deutschland und den USA. Es ergaben sich vielfältige Möglichkeiten zu einer Revision des Versailler Vertrages nach dem Prinzip des 'pacific settlement' und des 'peaceful change'. Link erkennt dieser Revisions- und Friedenssicherungspolitik in der Ära nach Versailles einen begrenzten Erfolg zu. Durch die deutsche „Politik der Drohungen, der militärischen Aufrüstung und gewaltsamer, einseitiger Revisionen" unter Hitler, für die es bedenkliche Ansätze schon unter Papen gegeben hat, gingen die Voraussetzungen für „eine gemeinsame deutsch-amerikanische Politik des friedlichen Ausgleichs" indes verloren.[77]

Die neuen Einsichten in das deutsch-amerikanische Verhältnis der Weimarer Zeit wie auch überhaupt die Ergebnisse der neueren Stresemannforschung im Hinblick auf die Möglichkeiten einer Revision des Versailler Vertrags (als letzte wichtige Beiträge sind die Bücher von Martin Walsdorff, Werner Weidenfeld und Michael-Olaf Maxelon anzusehen) lassen den gesamten Versailles-Komplex als eine viel mehr isolierte, das heißt im welthistorischen Sinn weniger nachwirkende Erscheinung erkennen, als man es früher anzusehen geneigt war.

7. Der Völkerbund

Hätte Wilsons Friedensstrategie einen größeren Erfolg für die Erhaltung des Weltfriedens erzielen können als die amerikanische Revisionspolitik nach ihm? Dies ist zugleich die Frage nach Idee und Wirklichkeit des Völkerbundes.[78]

Die Idee des Völkerbunds ist eine besondere Komponente des Gedankens der allgemeinen Friedenssicherung. Dieser läßt sich bis ins Mittelalter zurückverfolgen. Die christliche Völkerwelt des Mittelalters wurde als eine geschlossene Völkerrechtsgemeinschaft aufgefaßt, die nach innen befriedet sein müsse, um sich gegen die heidnische Außenwelt behaupten und den Glauben verbreiten zu können. Als die entscheidende Instanz zur Erhaltung des Friedens innerhalb dieser Res publica Christiana verstand sich das Papsttum. Es entwickelte die Idee des Gottesfriedens (treuga Dei), übernahm die Rolle des Ver-

[77] W. Link, Die amerikanische Stabilisierungspolitik, S. 627.

[78] Über die Völkerbundsidee in der Geschichte und über ihre Verwirklichung nach 1920 wird in der Reihe ›Erträge der Forschung‹ demnächst ein Band von Alfred Pfeil erscheinen. Die folgenden Ausführungen sind entsprechend knapp gehalten. Vgl. im übrigen den Literaturbericht von Gunzenhäuser, Der Genfer Völkerbund.

mittlers, z. B. in den Friedensverhandlungen von Arras 1435, und übte auch schon schiedsrichterliche Funktionen aus.

Zu Beginn der Neuzeit, als die europäische Völkerrechtsgemeinschaft in eine Anzahl souveräner Staaten zerfiel, verblaßte auch die Vorstellung von einer für den inneren Frieden verantwortlichen Res publica Christiana. Gegen den rückwärts gewandten Anspruch der Habsburger auf Wiederherstellung der Universalmonarchie rückte das Haus Bourbon zu Felde, zeitweilig sogar mit Hilfe des 'ungläubigen' Türken. Als neues lockeres Ordnungsprinzip entwickelte sich, zuerst auf dem bevorzugten habsburgisch-bourbonischen Kampfplatz, Italien, das politische Prinzip des Gleichgewichts. Pläne zu einer Neuordnung der europäischen Staatenwelt in Form eines Staatenbunds wurden jedoch immer wieder vorgebracht. Der Herzog von Sully entwarf in seinem ›Grand Dessein‹ von 1638 die Bildung von fünfzehn gleich starken Staaten. Der Abbé de Saint-Pierre, der am Friedensschluß von 1713 beteiligt war, machte in seinem vielbeachteten ›Projet pour rendre la Paix perpétuelle en Europe‹ detaillierte Vorschläge zur Verwirklichung der Idee des ewigen Friedens, die z. B. die Errichtung eines europäischen Bundesrats von 24 Mitgliedern sowie Kriegsverhütungs- und Schlichtungsinstanzen vorsahen.

Im 19. Jahrhundert waren die internationalen Zusammenkünfte nach dem Wiener Kongreß und das Europäische Konzert die wichtigsten Ansätze zur Bildung einer europäischen Staatengemeinschaft. Neben der 'großen Politik' lief eine immer tätiger werdende Friedensbewegung einher, deren Träger die „Friedensgesellschaften" waren. Sie ist gut erforscht, in handbuchartiger Form dargestellt etwa von Jacob Ter Meulen und Arthur C. F. Beales. Ihre Forderungen richteten sich auf die Einführung einer internationalen Schiedsgerichtsbarkeit, auf Rüstungsabbau, auf Humanisierung des Krieges, auf die Organisation von Staaten- und Völkerbünden. Erste für die Politik relevante Ergebnisse erzielte diese Friedensbewegung auf dem Pariser Friedenskongreß von 1856 (Mediationsartikel 8 des Friedensvertrages und das 23. Konferenzprotokoll), in der Gründung des Roten Kreuzes 1864, in verschiedenen internationalen Zweckverbänden, wie im Weltpostverein, und vor allem in den Kodifikationswerken der Haager Friedenskonferenzen von 1899 und 1907, die u. a. zur Errichtung des Ständigen Schiedshofes führten.[79]

[79] Die immer größer werdende Zwischenabhängigkeit der modernen Staaten, ihre zunehmende technische und administrative Kooperation

Die Idee, am Ende des Ersten Weltkrieges einen Völkerbund zu errichten, konnte also auf eine lange Geschichte zurückgreifen. Die Einsetzung des Völkerbunds 1919/20 entsprach der Neubewertung des Krieges als eines Mittels zur Verfolgung politischer und rechtlicher Ziele. Der Angriffskrieg wurde den Unterzeichnern der Völkerbundsakte, die einen integrierenden Bestandteil des Pariser Friedenswerkes bildete, verboten. Die völkerrechtlichen Lücken, die dadurch noch offenblieben, wurden schließlich durch den Briand-Kellogg-Pakt von 1928 geschlossen. Die Verpflichtung, Streitigkeiten nur mit friedlichen Mitteln auszutragen, war in Artikel 12 und 13 niedergelegt. Als wichtigste dieser Mittel galten die Aufgaben des in Artikel 14 vorgesehenen Ständigen Internationalen Gerichtshofes und das Angebot obligatorischer Vermittlung (Artikel 15). In Artikel 16 waren Sanktionen gegen ein den Frieden brechendes Mitglied festgelegt. Gegen diesen Sanktionsartikel, der den Frieden mit Gewalt erzwingen sollte, und vor allem gegen den Artikel 10, in dem die territoriale Integrität der Mitglieder garantiert wurde, richtete sich die Opposition im amerikanischen Senat mit besonderer Heftigkeit.

Präsident Wilson konnte es sich gar nicht vorstellen, daß der Friede ohne die Errichtung des Völkerbunds geschlossen und gesichert werden könnte. Mit dem ihm eigenen ethischen Rigorismus faßte er ihn als den „Bund zur Erzwingung des Friedens“ auf oder nannte ihn den „Schlüssel des ganzen Friedens“. Zahlreiche seiner substantiellen Konzessionen gegenüber den Forderungen der europäischen Sieger, die als Verletzung seines 1918 verkündeten Friedensprogramms erscheinen, lassen sich nur aus dieser das Friedenswerk überwölbenden Idee des Völkerbunds erklären: Wilson war überzeugt, daß alle momentan not-

und ihre wirtschaftliche Verflechtung waren auf politischer Ebene keineswegs von einem steigenden Einheits- und Zusammengehörigkeitsbewußtsein und einer den Krieg wirksam verhütenden politischen Zusammenarbeit begleitet, sondern umgekehrt von immer stärkerer Isolierung und Betonung der eigenen Souveränität der einzelnen Staaten.

wendigen Abweichungen von seinen Prinzipien durch das Wirken des Völkerbunds wieder rückgängig gemacht werden würden. "The Covenant will put that right", so hat Harold Nicolson einmal diese Autosuggestion Wilsons formuliert.[80] Die Mantoux-Protokolle bestätigen auf Schritt und Tritt die Beobachtung, daß Wilson in kritischen Momenten der Verhandlungen sein Gewissen durch Argumente, die sich auf den Völkerbund bezogen, beruhigen ließ, während von seinen Gesprächspartnern, vor allem von Clemenceau, gerade solche Argumente häufig als Handelsobjekt und Druckmittel benutzt wurden.

Wilson stand in Paris mit der Forderung nach einem Völkerbund als dem künftigen Garanten des Friedens keineswegs allein, wie die Quellen zur unmittelbaren Vorgeschichte des Völkerbundspaktes zeigen. So hat etwa General Smuts wichtige gedankliche Vorarbeit für die Errichtung des Völkerbunds geleistet. Seine Völkerbunds-Denkschrift vom Dezember 1918 übte, worauf zuerst Wilsons Sekretär Baker hingewiesen hat, großen Einfluß auf den Präsidenten aus. Smuts sah im Völkerbund das Mittel, um nach der Zerstörung der Vorkriegsordnung Europas den politischen und wirtschaftlichen Wiederaufbau zu organisieren[81]: „Europa befindet sich im Zustande der Liquidation, und der Völkerbund muß sein Erbe sein." Er sollte als das Vormundschaftsorgan fungieren über die befreiten, aber für die Selbstregierung noch unfähigen Völker, die aus dem Zerfall der Reiche Rußland, Österreich-Ungarn und Türkei hervorgegangen waren. Smuts machte sogar den Vorschlag, den Völkerbund als Schiedsinstanz im russischen Bürgerkrieg einzusetzen.

Die Opposition im amerikanischen Senat gegen den Völkerbund formierte sich unter Führung von Henry Cabot Lodge noch während der Friedensverhandlungen. Sie umfaßte etwas mehr als ein Drittel des Senats und genügte daher, um das Friedenswerk auf amerikanischer Seite zu Fall zu bringen; denn nach der Verfassung muß der Senat Friedensverträgen mit einer Zweidrittelmehrheit zustimmen. Die von

80 Nicolson, Peacemaking, S. 92.

81 Zitiert bei Lloyd George, Truth I, S. 622.

Wilson gewünschte Verknüpfung von Friedensvertrag und Völkerbundspakt wurde geradezu als friedensgefährdend angesehen, da sie den raschen Abschluß des von der Welt ersehnten Friedens verhindere. Die Hauptkritik richtete sich gegen Artikel 10: Er verpflichte die Mitglieder von vornherein im Fall einer Bedrohung oder Veränderung des territorialen Status quo in Europa zu bestimmten Handlungen und Unterlassungen und enge somit ihren politischen Entscheidungsspielraum ein. Man hielt die „Tradition der amerikanischen Außenpolitik", das heißt die Monroe-Doktrin, für gefährdet.

Eine Minderheit des Senats war also nicht bereit, die im Gedanken der kollektiven Sicherheit implizierte Einschränkung der nationalstaatlichen Souveränität zugunsten einer gemeinsamen Institution und gemeinsamer Aktionen hinzunehmen. Diese Anschauung war Ausdruck des unbedingten Willens, das weltpolitische Gewicht der USA nicht auf Dauer festzulegen, sondern nur von Fall zu Fall in pragmatischer, dem Augenblick angemessener Weise einzusetzen nach dem Motto, das Cabot Lodge später einmal formulierte [82]: "The way to be determined by us."

In der inneramerikanischen Auseinandersetzung um den Völkerbund ist der den Artikel 10 stark relativierende Artikel 19, der sogenannte Revisionsartikel, in den Hintergrund getreten. Dieser Artikel sah vor, daß die Völkerbundsversammlung ihre Mitglieder aufzufordern berechtigt sei, die „unanwendbar gewordenen Verträge und solche internationalen Verhältnisse [...], deren Aufrechterhaltung den Weltfrieden gefährden könnte", zu überprüfen. Der Völkerbund konnte also, wenn man ihn, wie Gerhard SCHULZ zu Recht betont, im Lichte dieser Bestimmung betrachtete, wichtiger werden als der ganze Friedensvertrag. Die ewige Spannung zwischen Bewahrung und Bewegung, die wie im Innenverhältnis eines Staates auch im internationalen Zusammenleben herrscht, hätte durchaus auch im Schoße des Völkerbunds ausgetragen werden können. Die Schöpfer des Friedenswerkes von 1919 waren sich dieser Spannung durchaus bewußt, wie etwa ein damals von der deutschen

[82] Zitiert bei W. Link, Die amerikanische Stabilisierungspolitik, S. 619.

Friedensdelegation nicht honorierter und von der Forschung wenig beachteter Passus im Begleitschreiben Clemenceaus zur Mantelnote vom 16. Juni 1919 zeigt, der besagte, « que le règlement de 1919 pourra être modifié de temps en temps pour l'adapter aux faits nouveaux et aux conditions nouvelles qui surgiront »[83].

Der Spannung zwischen den Kräften der Beharrung und den Kräften der Bewegung im sozialen Bereich entspricht auf völkerrechtlicher Ebene die Spannung zwischen dem Prinzip der Heiligkeit der Verträge (Pacta sunt servanda) und der Clausula rebus sic stantibus. In der Praxis des Friedensschließens und in der Friedensexekution haben beide Normen eine Rolle gespielt. Aber da der Friede kein Zustand, sondern ein Prozeß ist, hat die Clausula in der Anschauung und im Handeln der führenden Politiker zumeist die Oberhand gewonnen. Palmerston gab 1856 dem Pariser Vertrag eine Lebenszeit von zehn Jahren. Bismarck hielt internationale Verträge für nur bedingt haltbar; keine Nation werde je zu bewegen sein, ihre Existenz auf dem Altar der Vertragstreue zu opfern. Clemenceau gab 1919 zu, daß der Friedensvertrag angesichts des demographischen und wirtschaftlichen Potentials Deutschlands Frankreich nur für eine gewisse Zeit einen Vorsprung verschaffe.

Eines der berühmtesten Beispiele für die Anwendung der Klausel ist die einseitige Aufkündigung der Schwarzmeerartikel des Pariser Friedensvertrags durch Rußland am 31. Oktober 1870 unter Hinweis auf die Vertragsverletzungen der Gegenseite. In ähnlicher Weise hat sich Hitler von verschiedenen Bestimmungen des Versailler Vertrags losgesagt. 1871 wurde aber auf der Londoner Konferenz allseitig das Prinzip anerkannt, daß sich ein Vertragspartner nur mit Zustimmung der anderen von Vertragspflichten lösen dürfe. Diese Formel wurde 1935 anläßlich der deutschen Aufkündigung der Abrüstungsbestimmungen des Versailler Vertrags und 1936 anläßlich der deutschen Lossagung vom Locarno-Vertrag von Deutschlands Vertragspartnern in

[83] Zitiert bei Renouvin, Le traité de Versailles, S. 94.

ihrer Erwiderung wörtlich wiederholt. Der Völkerbundsrat bezeichnete die gewissenhafte Achtung aller Vertragspflichten als fundamentales Prinzip des internationalen Zusammenlebens und als Grundbedingung für die Erhaltung des Friedens.

Angesichts der einseitigen Revisionen Hitlers ist das Problem der friedlichen Vertragsrevision, des "peaceful change", in der Publizistik und in der Völkerrechtswissenschaft der dreißiger Jahre vielfach diskutiert und abgehandelt worden. Artikel 19 der Völkerbundssatzung kann zwar als „erster Modellfall einer gewissen Institutionalisierung des Revisionsgedankens“ [84] angesehen werden. Aber die Praxis des Europäischen Konzerts zeigt doch, daß im 19. Jahrhundert eine friedliche Revision bestehender Verhältnisse immer wieder vorgenommen worden ist. Der Berliner Kongreß kann als bestes Beispiel dafür gelten. Der Artikel 19 der Völkerbundssatzung wurde tatsächlich niemals in irgendeiner wichtigen Frage angerufen. Einzelne Bestimmungen der Pariser Verträge wurden zwar immer wieder revidiert, aber in der Regel nicht im Rahmen dieses Artikels. John Foster Dulles, Mitglied der amerikanischen Friedensdelegation 1919, hat ihn das eigentliche Herz des Völkerbunds genannt, das eine unentbehrliche Ergänzung zum Prinzip der Heiligkeit der Verträge und des Gewaltverzichts gewesen sei; aber dieses Herz habe niemals geschlagen.

Läßt sich angesichts dieses 'Herzversagens' die Schöpfung Wilsons als ein „lauttönendes Nichts“ bezeichnen? Metternich hatte mit diesem Ausdruck die Idee einer 'Heiligen Allianz', die Idee Alexanders I., beurteilt.

Der Herzfehler des Völkerbunds ist gleichzeitig sein Geburtsfehler. Es wird in der Literatur, die in den letzten beiden Jahrzehnten keine größere einschlägige Untersuchung hervorgebracht hat, allgemein betont, daß der Völkerbund an seiner mangelnden Universalität gescheitert ist. Die USA blieben ihm fern, Sowjet-

[84] Grewe, Peaceful Change, S. 753. Das Wörterbuch des Völkerrechts, in dem dieser Artikel Grewes abgedruckt ist, enthält zahlreiche für die hier behandelten Themen wichtige Beiträge.

rußland war nur kurze Zeit Mitglied, Deutschland wurde erst 1926 aufgenommen. In deutschen Augen erschien er, vor allem in den ersten Jahren seiner Existenz, als Friedensexekutionsorgan der Siegermächte, nicht als das erhoffte Friedensrevisionsorgan. In den zwanziger Jahren hat er immerhin in seiner politischen, das heißt friedensstiftenden Wirksamkeit einige Erfolge gehabt. Seine größte Bewährungsprobe bestand er 1925 in der Beilegung der bulgarisch-griechischen Grenzstreitigkeiten. In den dreißiger Jahren hat er angesichts der aggressiven Politik Japans, Italiens und Deutschlands in seiner politischen Funktion versagt. Dagegen waren die Leistungen seiner Hilfsorgane weitaus größer. Doch sie wurden auf entfernten Nebenschauplätzen des Weltfriedens erreicht: auf technisch-administrativer und auf humanitärer Ebene.

Beim Aufbau der Vereinten Nationen nach dem Zweiten Weltkrieg hat man aus den politischen und institutionellen Schwächen des Völkerbunds die Lehren zu ziehen versucht. Doch bisher hat sich die wichtigste Erwartung, die man in ihr Wirken setzte, nicht erfüllt: daß sich unter den fünf ständigen Mitgliedern des Sicherheitsrates Eintracht herstellen lasse. Angesichts der Uneinigkeit der Großmächte sind der Mitbestimmungsanspruch und die Aktivität der Vollversammlung von westlicher Seite unterstützt worden. Wegen des Anstiegs ihrer Mitgliederzahl erscheint ihr Machtzuwachs heute indes vielfach als problematisch. Es herrscht im Westen allgemein die Auffassung, daß die Vereinten Nationen zur Bewahrung des Friedens und zur Entwicklung der Länder der Dritten Welt einige Beiträge geleistet haben. Ihre Revisionspraxis wird übereinstimmend dahin beurteilt, daß friedliche Revisionen nur in solchen Fällen herbeigeführt werden konnten, in denen die Interessen der Großmächte nicht entscheidend berührt waren. Größeres Gewicht als beim Völkerbund wird zu Recht auf die Bekämpfung der sozialen und wirtschaftlichen Ursachen des Krieges gelegt, da es nicht genügen kann, dem Krieg durch feierliche Ächtung die rechtliche Grundlage zu entziehen.

III. FRIEDENSSICHERUNG UND GLEICHGEWICHTSPRINZIP HEUTE

Jacques Bainville gab auf die in seinem Versailles-Buch gestellte Frage: „Was ist aber die Société des Nations?“ die Antwort [1]: „Das irreale Gleichgewicht anstelle des wirklichen Gleichgewichts“. Wilson als einer der Schöpfer des Völkerbunds hielt umgekehrt die Gleichgewichtspolitik für überlebt, ja machte sie für die Katastrophe des Weltkriegs verantwortlich. Als Roosevelt 1945 von der Konferenz von Jalta zurückkehrte, bezeichnete er es in ähnlicher Weise als notwendig, die Politik der Balance of Power, die jahrhundertelang versagt habe, durch die Einrichtung der Vereinten Nationen zu ersetzen. In der Praxis der internationalen Beziehungen nach 1919 hat sich indes die Idee der kollektiven Sicherheit nicht durchsetzen können, sie mußte vielmehr mit dem alten Grundsatz des Mächtegleichgewichts konkurrieren. Heute kann man sogar von einer Renaissance der klassischen Gleichgewichtsidee in der Weltpolitik, gleichzeitig aber auch von ihrer erneuten Infragestellung in der Wissenschaft sprechen.

Unter dem Aspekt der Gleichgewichtspolitik läßt sich der labile Zustand in den internationalen Beziehungen nach 1919 und für kurze Zeit nach 1945 dadurch erklären, daß am Ende der Weltkriege an die Stelle kompakter Machtblöcke jeweils ein Machtvakuum getreten ist, dessen Füllung neue Spannungen hervorrief. Die alte Idee des Gleichgewichts wäre zu ergänzen durch eine Theorie des Machtungleichgewichts und des M a c h t - v a k u u m s. Sie besagt, daß ein durch Machtzerfall oder -zerstörung machtleer gewordener Raum eine Saugwirkung auf angrenzende Mächte ausübt.

[1] Bainville, Frankreichs Kriegsziel, S. 59.

In bezug auf das 19. Jahrhundert läßt sich diese Theorie an drei Vorgängen demonstrieren: am Niedergang der Türkei und Österreichs sowie am Imperialismus. Die orientalische Frage in ihrem internationalen Aspekt erklärt sich, wie erwähnt, aus dem Machtzerfall des ottomanischen Reiches bzw. aus dem Machtgefälle zwischen diesem Reich und den europäischen Großmächten sowie aus den daraus entstandenen Antagonismen. Neben der orientalischen Frage entstand in der zweiten Hälfte des 19. Jahrhunderts die österreichische Frage, nachdem der österreichische Machtkern durch die Kriege von 1859 und 1866 schwer erschüttert worden war. Österreich hatte bis dahin durch Ausfüllung des mitteleuropäischen Raumes, das heißt durch die Organisierung der deutschen und italienischen Staatenwelt unter seiner Führung, die Balance unter den Großmächten zu erhalten vermocht. In den anderthalb Jahrzehnten nach dem Krimkrieg herrschten in Europa infolge der Zurückdrängung Rußlands und Österreichs ein Machtungleichgewicht und ein entsprechender Spannungszustand, den sich die italienische und die deutsche Einigungsbewegung zunutze machten. Durch das Ausgreifen der europäischen Mächte, der USA und Japans in die Kolonien, das heißt durch ihren Versuch, die neuentdeckten machtleeren oder -verdünnten Räume in Übersee mit Macht zu füllen, wurden neue Spannungen erzeugt (aber auch alte Spannungen abgelenkt), die neben anderen zur Entladung im Ersten Weltkrieg führten.

Was besagt demgegenüber die Idee des politischen Gleichgewichts? Sie kommt in den ›Fragmenten aus der neuesten Geschichte des politischen Gleichgewichts in Europa‹ (1806) von Friedrich Gentz zu klassischem Ausdruck[2]: „Das, was man gewöhnlich politisches Gleichgewicht *(balance du pouvoir)* nennt, ist diejenige Verfassung nebeneinander bestehender und mehr oder weniger miteinander verbundener Staaten, vermöge deren keiner unter ihnen die Unabhängigkeit oder die wesentlichen Rechte eines andern, ohne wirksamen Widerstand von irgendeiner Seite, und folglich ohne Gefahr für sich selbst,

[2] Gentz, Staatsschriften und Briefe I, S. 117.

beschädigen kann." Unter dem Aspekt des Gleichgewichtsprinzips kann die Geschichte des neuzeitlichen Europa in vier Perioden eingeteilt werden, in denen es um den Kampf gegen das Hegemonialstreben einer Macht bzw. um die Erhaltung des europäischen Gleichgewichts ging: Zwischen 1492 und 1648/59 wurde der Kampf gegen die spanische, zwischen 1648 und 1815 gegen die französische Vorherrschaft geführt; der Abschnitt von 1815 bis 1890/1914 kann als das Jahrhundert des europäischen Gleichgewichts bezeichnet werden; die Zeit von 1914 bis 1945 ist vom Widerstand gegen das deutsche Vormachtstreben ausgefüllt.

Geht man vom Primat der Macht aus — und nicht vom marxistischen Postulat vom Primat der sozialen Verhältnisse als Regulativ der internationalen Beziehungen —, so kann nach 1945 von einer Rückkehr zum alten Prinzip des Gleichgewichts unter neuen Formen und veränderten Bedingungen gesprochen werden. Man scheint wieder zu der Auffassung zurückzugelangen, daß eine Gleichgewichtspolitik den Weltfrieden eher fördert und erhält als ein System der kollektiven Sicherung.

Nun wird in den letzten Jahren vor allem von amerikanischen Politologen und auch Historikern (A. F. K. ORGANSKI, Richard ROSECRANCE, Paul W. SCHROEDER) bestritten, daß die Gleichgewichtspolitik im 18. und besonders im 19. Jahrhundert eine friedenserhaltende Rolle gespielt habe. In der Tat hatte sie eine Reihe erheblicher Mängel: Sie bot vor allem den kleinen Staaten und Völkern keine Garantie für ihr Überleben, was besonders am Schicksal Polens deutlich wird. Sie konnte Präventivkriegsvorstellungen erzeugen und damit ein gefährliches Wettrüsten hervorrufen, also zum Streben nach einem Machtvorsprung führen. Obwohl sie als mechanistisches Prinzip aufgefaßt wurde, fehlten doch genaue Maßstäbe, um die Kräfteverhältnisse unter den Mächten zu irgendeinem gegebenen Zeitpunkt genau zu bestimmen. In der Regel wurden sie im räumlichen Umfang gesehen, ferner in der militärischen Kraft, im 19. Jahrhundert zunehmend auch im demographischen und wirtschaftlichen Potential. Vor allem hat die Gleichgewichtspolitik die sozialen Probleme, die nicht nur im nationalen Raum existierten, sondern zu übernationalen Konstellationen führten, im evolutionären Sinne kaum zu lösen vermocht. Sie hat überhaupt die Frage nach Krieg und Frieden offengelassen.

Aber diese — berechtigte — Kritik leidet selbst unter einem schweren Mangel: Sie hat weder zur Analyse der Vergangenheit noch vor allem zur Organisation der Gegenwart, noch zur Bewältigung der Zukunft eine brauchbare Alternative angeboten. Die Herausbildung eines neuen globalen Gleichgewichtssystems kann natürlich keine einfache Rückkehr zur alten Gleichgewichtsordnung bedeuten. Das heutige System besteht nicht aus mehreren Mächten, sondern aus zwei Machtblöcken. Es gibt (noch) keine dritte Macht, die wie England oder Österreich in der Vergangenheit eine Ausgleichsfunktion (das 'Zünglein an der Waage') zu übernehmen vermöchte. Die neuen Waffen schließen auch jeden Gedanken an einen Machtausgleich auf dem Wege über einen umfassenden (atomaren) Krieg aus. Ein Spannungsherd für das Blocksystem ist die Existenz der Dritten Welt. Wie soll die Dritte Welt in die dualistische Gleichgewichtskonstruktion integriert werden?

Sowjetrußland hat in der theoretischen Begründung seiner Außenpolitik inzwischen die Kriterien der klassischen Gleichgewichtspolitik teilweise rezipiert, ohne natürlich die alte Verurteilung der Gleichgewichtstheorie als eines ideologischen Instruments des Kapitalismus preiszugeben. Chruščev forderte 1960 zur Bestimmung des Kräfteverhältnisses zwischen Ost und West die Beachtung vieler Momente: des militärischen und wirtschaftlichen Potentials, der Bevölkerungszahl und „anderer Faktoren materieller und geistiger Art“. Die Brežnev-Doktrin geht sogar von einer ziemlich statischen Auffassung des Kräftegleichgewichts aus, indem sie für das eigene Lager ein Maß an Beschränkung der Souveränität der kleineren Staaten beansprucht (und durchsetzt), das im 19. Jahrhundert unbekannt war.

In der amerikanischen Außenpolitik wird dagegen das Bestreben sichtbar, das relativ starre bipolare Weltgleichgewicht in ein flexibleres „multipolares“ System zu überführen. Der amerikanische Außenminister Henry Kissinger, der als Professor für Politikwissenschaft an der Harvard-Universität die Kongreßdiplomatie Castlereaghs und Metternichs mit verhaltener Sympathie beschrieben hat, versucht, Elemente der klassischen Gleichgewichtspolitik zur Herbeiführung eines derartigen Weltgleichgewichtssystems nutzbar zu machen. Im Gleichgewicht glaubt er eine relative Sicherheit für den Weltfrieden zu erkennen. Markantester Ausdruck seiner und Richard Nixons 'Realpolitik' ist die Integration Chinas in ein Kräftedreieck, in dem es keine festen, sondern fließende Bindungen gibt, in dem die gegen- und miteinander wirkenden mächtigsten Staaten auf neue Konstellationen elastisch reagieren und sich den Wechsel der Zugrichtungen stets offenhalten können ('Strategie der flexiblen Antwort'). Das Mächtedreieck soll sich nach Kissingers Vorstellungen unter Einbeziehung eines vereinten Europa zu einem Mächteviereck und im Zusammenspiel mit Japan und den übrigen Staaten der Welt zu einem Konzert der kleineren und größeren Mächte erweitern. So wie es in der klassischen Gleichgewichtspolitik auch zur regionalen Anwendung des Gleichgewichtsgedankens kam (auf der italischen Halbinsel, in Skandinavien: 'Ruhe des Nordens', auf dem Balkan: orientalisches Gleichgewicht, in Mitteleuropa: preußisch-österreichischer Dualismus, in den Kolonien: koloniales Gleichgewicht, dessen zeitgenössische theoretische Begründung überhaupt noch nicht erforscht ist), so wird auch von der amerikanischen Außenpolitik etwa ein europäisches, pazifisches und nahöstliches Gleichgewicht erstrebt.

Da Macht nicht abzuschaffen ist, da sie bisher auch nicht in kollektive Friedenssicherungssysteme eingebunden werden konnte, muß sie durch Ausgleichung und Ausbalancierung kontrolliert werden. Unter den heutigen Bedingungen braucht eine Politik des Weltgleichgewichts nicht zu friedensgefährdendem Wettrüsten, sie kann vielmehr zu friedensförderndem Abrüsten, zu 'ausgewogenem' Abbau von Macht führen.

In der modernen Friedensforschung muß das Problem der politischen Macht einen zentralen Platz einnehmen, wenn diese ihren Beitrag zu einer realen, nicht utopischen Friedenssicherung leisten will. Das heißt nicht, daß Neuansätze, die etwa das Problem der 'strukturellen Gewalt' (indirekte Einflußnahme kraft wirtschaftlicher und technologischer Überlegenheit) beleuchten, eine geringere Bedeutung hätten. Sie dürfen aber keinen Ausschließlichkeitsanspruch stellen, sondern müssen offen für einen Pluralismus, für ein Gleichgewicht oder doch Konzert der Forschungsrichtungen sein. So wie der Verhaltensforscher Konrad Lorenz am Schluß seiner Untersuchungen über die individuelle Aggressivität — ein weiteres wichtiges Feld der Friedensforschung — zu dem Ergebnis kommt, daß auf absehbare Zeit die menschliche Aggressivität kaum eingeschränkt werden könne, daß also nur die Möglichkeit bleibe, „mit der Aggressivität zu leben“ [3], so ist auch aus der historischen Erforschung der Friedensschlüsse und der Friedenssicherung der Neuzeit die Lehre zu ziehen, daß die Welt weiterhin lernen muß, mit der Macht zu leben.

[3] Lorenz, Das sogenannte Böse, S. 372. — Die moderne Friedensforschung gehört nicht zum Thema dieser Ausführungen. Dennoch seien aus den einschlägigen Untersuchungen, die wie Pilze aus dem Boden schießen, zwei der neuesten Querschnitte genannt: Fetscher, Modelle der Friedenssicherung; Friedenssicherung und Aggressivität. Vgl. im übrigen die — trotz des neuen Datums schon überholte — Bibliographie zur Friedensforschung.

Anhang

LITERATURVERZEICHNIS

Eine *Spezialbibliographie* gibt es nur für die Pariser Friedenskonferenzen 1919/20: Gunzenhäuser, Die Pariser Friedenskonferenz. Für den Berliner Kongreß von 1878 ist das Literaturverzeichnis bei Sumner, Russia and the Balkans, S. 675—698 am ausführlichsten. Forschungsüberblicke bieten Medlicott, The Congress of Berlin, S. XIII—XXII, und Novotny, Quellen und Studien zur Geschichte des Berliner Kongresses, S. 9—68. Für den Pariser Friedenskongreß von 1856 (und den Krimkrieg) stehen zwei umfangreiche Forschungsberichte zur Verfügung, die den Zeitraum von 1940 bis 1970 umfassen: Hoesch, Neuere Literatur über den Krimkrieg; Baumgart, Probleme der Krimkriegsforschung. Die ältere Literatur ist auch erfaßt bei Baumgart, Der Friede von Paris, S. 260—69.

Quelleneditionen von einigem Umfang gibt es wiederum nur für die Pariser Friedenskonferenzen von 1919/20. Am wichtigsten ist die Edition der amerikanischen Akten: Papers Relating to the Foreign Relations of the United States, 13 Bde. Die englischen Akten für die Zeit ab Juli 1919 sind, was häufig übersehen wird, veröffentlicht in: Documents on British Foreign Policy (6 Bde. für die zweite Jahreshälfte 1919). Für die Verhandlungen im Viererrat liegen die Aufzeichnungen des Chefdolmetschers vor, die von hohem Aussagewert sind: Mantoux, Les délibérations. Daß noch zahlreiche Akten über die 'Geheimgeschichte' der Pariser Friedenskonferenzen unbekannt und unveröffentlicht sind, illustriert die Dokumentation von F. T. Epstein, Zwischen Compiègne und Versailles. Für die innerdeutsche Auseinandersetzung um Versailles ist jüngst eine Reihe wichtiger Quellen erschienen; vgl. die Zusammenstellung bei Baumgart, Bücherverzeichnis, S. 162—63 (Quellen zur Geschichte der Rätebewegung, Akten der Reichskanzlei), S. 174 (Quellen zur Geschichte des Parlamentarismus). Das Historische Institut der Universität Salzburg plant unter Fritz Fellner eine Edition der Quellen für den Friedensvertrag von St.-Germain. Zu weiteren Dokumentensammlungen vgl. Gunzenhäuser, Die Pariser Friedenskonferenz, S. 20—25. — Das umfangreiche deutsche Quellenmaterial zum Berliner Kongreß ist in dem entsprechenden Band der ›Großen Politik‹ II und in Bismarcks ›Gesammelten Werken‹ ganz unzureichend erfaßt. Eine Gesamtedition (wie auch eine Gesamtbearbeitung) wäre vonnöten. Kaum besser steht es mit den französischen Akten in ›Les Documents diplomatiques Français‹ II—III. Für die englische Seite stehen nur die in den entsprechenden Blaubüchern veröffentlichten Akten zur Verfügung (vgl. Medlicott, The Congress of Berlin, S. 421—22). Für die russische Seite sind wichtig die bei Goriainov, La question d'Orient, abgedruckten Akten; sie betreffen jedoch nur die Vorgeschichte des Berliner Kongresses und sind bisher kaum beachtet worden. Novotny hat die österreichischen Akten in Regestenform bearbeitet. — Die Quellenlage ist für den Pariser Friedenskongreß von 1856 am desolatesten. Zu den wichtigsten bisher veröffentlichten Quellen vgl. Baumgart, Probleme der Krimkriegsforschung, S. 53—54. Verf. plant eine umfangreiche Quellenedition zur Geschichte des Krimkriegs und des Pariser Friedenskongresses.

Im folgenden sind nur die im Text und in den Anmerkungen genannten Titel aufgenommen.

Albertini, Luigi, Le origini della guerra del 1914. Vol. I—III. Mailand (1942—43) = Biblioteca di scienze moderne 129—131. — Engl. Ausg.: The Origins of the War of 1914. Vol. I—III. London 1952—57.

Anderson, Matthew S., The Eastern Question 1774—1923. A Study in International Relations. London [u. a.] 1966.

Auflösung des Habsburgerreiches, Die —. Zusammenbruch und Neuorientierung im Donauraum. Hrsg. v. Richard G. Plaschka u. Karlheinz Mack. München 1970 = Schriftenreihe d. Österreich. Ost- u. Südosteuropa-Instituts 3.

Bailey, Frank E., British Policy and the Turkish Reform Movement. A Study in Anglo-Turkish Relations, 1826—1853. Cambridge, Mass. 1942 = Harvard Historical Studies 51 [Ndr. New York 1970].

Bailey, Thomas A., Wilson and the Peacemakers. Combining Woodrow Wilson and the Lost Peace and Woodrow Wilson and the Great Betrayal. New York 1947.

Bailey, Thomas A., Woodrow Wilson and the Lost Peace. New York 1944 [als Pback Chicago (1963)].

Bainville, Jacques, Les conséquences politiques de la paix. Paris 1920, [51]1940. — Dt. Übers.: Frankreichs Kriegsziel. Les conséquences politiques de la paix. Mit einer Einleitung v. Friedrich Grimm. Hamburg (1939/40).

Baker, Ray S., What Wilson Did at Paris. Garden City, New York 1919.

Baker, Ray S., Woodrow Wilson and the World Settlement. Written from his Unpublished and Personal Material. Vol. I—III. Garden City, New York 1923. — Dt. Übers. u. d. T.: Woodrow Wilson. Memoiren und Dokumente über den Vertrag zu Versailles anno MCMXIX. Hrsg. v. Ray S. Baker. Bd. 1—3. Leipzig [1923].

Batowski, Henryk, Rozpad Austro-Węgier 1914—1918. (Sprawy narodowościowe i działania dyplomatyczne) [Der Zerfall Österreich-Ungarns 1914—1918. Nationale Fragen und diplomatische Handlungen]. Breslau [u. a.] 1965.

Baumgart, Winfried, Brest-Litovsk und Versailles. Ein Vergleich zweier Friedensschlüsse. In: Historische Zeitschrift 210 (1970) S. 583—619.

Baumgart, Winfried, Bücherverzeichnis zur deutschen Geschichte. Hilfsmittel, Handbücher, Quellen. (Frankfurt/M. [u. a.] ^{2}1973) = Deutsche Geschichte. Ereignisse und Probleme 14.

Baumgart, Winfried, Deutsche Ostpolitik 1918. Von Brest-Litowsk bis zum Ende des Ersten Weltkrieges. München/Wien 1966.

Baumgart, Winfried, Der Friede von Paris 1856. Studien zum Verhältnis von Kriegführung, Politik und Friedensbewahrung. München/Wien 1972.

Baumgart, Winfried, Der Krimkrieg in der angelsächsischen und russischen militärgeschichtlichen Literatur der sechziger Jahre. In: Militärgeschichtl. Mitteilungen (1970) H. 2, S. 181—194.

Baumgart, Winfried, Probleme der Krimkriegsforschung. Eine Studie über die Literatur des letzten Jahrzehnts (1961—1970). In: Jahrbücher f. Geschichte Osteuropas N. F. 19 (1971) S. 49—109, 243—264, 371—400.

Baumgart, Winfried, Unternehmen „Schlußstein". Zur militärisch-politischen Geschichte des Ersten Weltkrieges. Berlin/Frankfurt/M. 1970.

Beales, Arthur C. F., The History of Peace. A Short Account of the Organized Movements for International Peace. London 1931.

Beer, Adolf, Die orientalische Politik Österreichs seit 1774. Prag/Leipzig 1883.

Beer, George L., African Questions at the Peace Conference. With Papers on Egypt, Mesopotamia, and the Colonial Settlement. Ed. by Louis H. Gray. New York 1923 = British Colonial History Series [Ndr. New York 1968].

Benedikt, Heinrich, Die Monarchie des Hauses Österreich. Ein historischer Essay. München 1968.

Berber, Friedrich, Lehrbuch des Völkerrechts. Bd. 2. Kriegsrecht. München [2]1969.

Berg, Peter: Deutschland und Amerika 1918—1929. Über das deutsche Amerikabild der zwanziger Jahre. Lübeck/Hamburg 1963 = Historische Studien 385.

Bertier de Sauvigny, Guillaume de, Metternich et la France après le Congrès de Vienne. Vol. I. De Napoléon à Decazes (1815—1820). Paris 1968. — Vol. II. Les grands Congrès 1820—1824. Paris 1970. — Vol. III. Au temps de Charles X (1824—1830). Paris 1971.

Bertier de Sauvigny, Guillaume de, La Sainte-Alliance. Paris 1972 = Collection U 2.

Bibliographie zur Friedensforschung. Hrsg. v. Gerta Scharffenorth u. Wolfgang Huber . . . Stuttgart/München (1970) = Studien z. Friedensforschung 6.

Birdsall, Paul, Versailles Twenty Years After. New York (1941) [Ndr. Hamden, Conn. 1962].

Birke, Ernst, Rußland, seine Westgebiete, der Kommunismus und Versailles. In: Ideologie und Machtpolitik 1919 . . . hrsg. v. Hellmuth Rößler. Göttingen [u. a.] (1966), S. 92—113.

[Bismarck, Herbert von] Staatssekretär Graf Herbert von Bismarck. Aus seiner politischen Privatkorrespondenz. Hrsg. u. eingel. v. Walter Bußmann . . . Göttingen (1964) = Dt. Geschichtsquellen d. 19. u. 20. Jh.s 44.

Bismarck, Otto von, Die gesammelten Werke. Bd. 11. Reden ⟨1869—1878⟩. Bearb. v. Wilhelm Schüßler. Berlin (1929). — Bd. 15. Erinnerung und Gedanke. Kritische Neuausgabe . . . v. Gerhard Ritter . . . Berlin (1932).

Blake, Robert, Disraeli. London (1966) [als Pback (1969)].

Bluntschli, Johann Kaspar, Lehre vom modernen Staat. Bd. 1. Stuttgart 1875.

Botschaften der Präsidenten der Vereinigten Staaten von Amerika zur Außenpolitik 1793—1947. Bearb. v. Herbert Strauss. Bern 1957 = Quellen zur neueren Geschichte 22/23/24.

Bresciani-Turroni, Costantino, The Economics of Inflation. A Study of Currency Depreciation in Post-War Germany. London (1937) = Sir Halley Stewart Publications 4 [Ndr. Clifton, N. J. 1968. — Ital. Original: Le vicende del marco tedesco. (Mailand 1931) = Annali di economia 7].

Brest-Litovsk. Ausgewählt u. eingeleitet v. Winfried Baumgart u. Konrad Repgen. Göttingen (1969) = Hist. Texte/Neuzeit 6.

Brest-Litovsk zur deutschen Novemberrevolution. Von —. Aus den Tagebüchern, Briefen u. Aufzeichnungen v. Alfons Paquet, Wilhelm Groener u. Albert Hopman. März bis November 1918. Hrsg. v. Winfried Baumgart. Göttingen 1971 = Dt. Geschichtsquellen d. 19. u. 20. Jh.s 47.

Bridge, F. Roy, From Sadowa to Sarajevo. The Foreign Policy of Austria-Hungary, 1866—1914. London/Boston (1972).

Bullock, Alan, Hitler. A Study in Tyranny. London (1952) [auch als Pback. — Dt. Übers.: Hitler. Eine Studie über Tyrannei. Düsseldorf (1953). Letzter Ndr. (1971)].

Burnett, Philip M., Reparation at the Paris Peace Conference. From the Standpoint of the American Delegation. Vol. I—II. New York 1940 [Ndr. 1965] = The Paris Peace Conference, History and Documents. Published for the Carnegie Endowment . . .

Churchill, Winston S., The World Crisis. Vol. V. The Aftermath. London (1929). — Dt. Übers.: Weltkrisis. Bd. 5. Nach dem Kriege. Zürich [u. a.] (1930).

Churchill, Winston S., The Second World War. Vol. I. The Gathering Storm. London [u. a.] ([2]1949) [1. Aufl. (1948). — Dt. Übers.: Der zweite Weltkrieg. Bd. 1. Der Sturm zieht auf. Bern (1948)].

Clayton, G. D., Britain and the Eastern Question: Missolonghi to Gallipoli. London (1971) = The London History Studies 8.

Concert of Europe. The —. Ed. by René Albrecht-Carrié. London/Melbourne 1968 = Documentary History of Western Civilization.

Craig, Gordon A., The World War I Alliance of the Central Powers in Retrospect: The Military Cohesion of the Alliance. In: The Journal of Modern History 37 (1965) S. 336—344.

Davison, Roderic H., Reform in the Ottoman Empire 1856—1876. Princeton, N. J. 1963.

Decker, Günter, Das Selbstbestimmungsrecht der Nationen. Göttingen 1955.

Devereux, Robert, The First Ottoman Constitutional Period. A Study of the Midhat Constitution and Parliament. Baltimore 1963 = The Johns Hopkins University. Studies in Historical and Political Science, Series 81, No. 1.

Dickmann, Fritz, Die Kriegsschuldfrage auf der Friedenskonferenz von Paris 1919. München (1964) = Beiträge z. eur. Geschichte 3 [zuerst erschienen in: Historische Zeitschrift 197 (1963) S. 1—101].

Documents on British Foreign Policy 1919—1939. Ed. by Ernest L. Woodward a. Rohan Butler. First Series Vol. I—VI ⟨1919⟩. London 1947—56.
Documents diplomatiques français (1871—1914). [Hrsg. v.] Ministère des affaires étrangères ... 1re série. T. I—IV. Paris 1929—32.
Documents: Soviet — on Foreign Policy. Selected a. ed. by Jane Degras. Vol. I. London [u. a.] 1951.
Dostjan, Irina S., Rossija i balkanskij vopros. Iz istorii russko-balkanskich političeskich svazej v pervoj treti XIX v. [Rußland und die Balkanfrage. Aus der Geschichte der politischen Beziehungen zwischen Rußland und den Balkangebieten im ersten Drittel des 19. Jahrhunderts.] Moskau 1972.
Driault, Edouard, La question d'Orient depuis ses origines jusqu'à nos jours. Paris 1898 = Bibliothèque d'histoire moderne [8. Aufl. ... jusqu'à la paix de Sèvres (1920). Paris 1921].
Dupuis, Charles, Le principe d'équilibre et le concert européen de la paix de Westphalie à l'acte d'Algéciras. Paris 1909.

Elcock, Howard, Portrait of a Decision. The Council of Four and the Treaty of Versailles (London 1972).
Epstein, Fritz T., Germany and the East. Selected Essays. Ed. ... by Robert F. Byrnes. Bloomington/London (1973).
Epstein, Fritz T., Der Komplex „Die russische Gefahr" und sein Einfluß auf die deutsch-russischen Beziehungen im 19. Jahrhundert. In: Deutschland in der Weltpolitik des 19. und 20. Jahrhunderts. Hrsg. v. Imanuel Geiss u. Bernd J. Wendt. (Düsseldorf 1973), S. 143—159.
Epstein, Fritz T., Neue Literatur zur Geschichte der Ostpolitik im Ersten Weltkrieg. In: Jahrbücher f. Gesch. Osteuropas N. F. 14 (1966) S. 63—94; 19 (1971) S. 110—118, 265—286, 401—418, 557—564; 20 (1972) S. 247—274.
Epstein, Fritz T., Die Periode von Brest-Litovsk. Ein Literaturbericht. In: Jahrbücher f. Gesch. Osteuropas N. F. 21 (1973) S. 61—73.
Epstein, Fritz T., Studien zur Geschichte der „Russischen Frage" auf der Pariser Friedenskonferenz von 1919. In: Jahrbücher f. Gesch. Osteuropas N. F. 7 (1959) S. 431—478.
Epstein, Fritz T., Zwischen Compiègne und Versailles. Geheime amerikanische Militärdiplomatie in der Periode des Waffenstillstandes 1918/19: Die Rolle des Obersten Arthur L. Conger. In: Vierteljahrshefte f. Zeitgesch. 3 (1955) S. 412—445.
Epstein, Klaus, Matthias Erzberger and the Dilemma of German Democ-

racy. Princeton, N. J. 1959 [Ndr. N. Y. 1971]. — Dt. Übers.: Matthias Erzberger und das Dilemma der deutschen Demokratie. (Berlin/Frankfurt/M. 1962).

Erdmann, Karl Dietrich [Bearb.], Die Zeit der Weltkriege. 1. Teilband. Der Erste Weltkrieg. Die Weimarer Republik = [Bruno] Gebhardt, Handbuch der deutschen Geschichte. Bd. 4, 1. Stuttgart [9]1973.

Eschenburg, Theodor, Matthias Erzberger. Der große Mann des Parlamentarismus und der Finanzreform. München 1973 (= Serie Piper 39).

Eucken, Walter, Kritische Betrachtungen zum deutschen Geldproblem. Jena 1923.

Europapolitik zu Beginn des 19. Jahrhunderts ⟨1815—1826⟩. Bearb. v. Werner Näf. Bern 1944, [3]1968 = Quellen z. neueren Gesch. 2.

Evans, Laurence, United States Policy and the Partition of Turkey, 1914—1924. Baltimore (1965) = The Johns Hopkins University. Studies in Historical a. Political Science, Ser. 82, No. 2.

Eyck, Erich, Bismarck. Bd. 3. Erlenbach/Zürich (1944).

Farnsworth, Beatrice, William C. Bullitt an the Soviet Union. Bloomington (1967) = Indiana Univ. International Studies.

Fellner, Fritz, Der Zerfall der Donaumonarchie in weltgeschichtlicher Perspektive. In: Die Auflösung des Habsburgerreiches ... Hrsg. v. Richard G. Plaschka u. Karlheinz Mack. München 1970, S. 32—42.

Fetscher, Iring, Modelle der Friedenssicherung. Mit einem Anhang: Marxistisch-leninistische Friedenskonzeptionen. (München 1972) = Serie Piper 41.

Fink, Krisztina M., Die österreichisch-ungarische Monarchie als Wirtschaftsgemeinschaft. Ein historischer Beitrag zu aktuellen Integrationsproblemen. Diss. München 1967.

Fischer, Fritz, Griff nach der Weltmacht. Die Kriegszielpolitik des kaiserlichen Deutschland 1914/18. Düsseldorf (1961, [3]1964).

Floto, Inga, Colonel House in Paris. A Study of American Policy at the Paris Peace Conference 1919. Aarhus 1973.

Folgen von Versailles 1919—1924. Die —. Hrsg. v. Hellmuth Rößler. Göttingen [u. a.] (1969).

Fraenkel, Ernst, Das deutsche Wilsonbild. In: Jahrbuch f. Amerikastudien 5 (1960) S. 66—120.

[Frantz, Constantin], Untersuchungen über das Europäische Gleichgewicht. Berlin 1859.

Friede von Brest-Litowsk. Der —. Ein unveröffentlichter Band aus dem Werk des Untersuchungsausschusses der Deutschen Verfassunggebenden Nationalversammlung und des Deutschen Reichstages. Bearb. v. Werner Hahlweg. Düsseldorf (1971) = Quellen z. Gesch. d. Parlamentarismus u. d. polit. Parteien. Erste Reihe. Bd. 8.

Friedenssicherung und Aggressivität. Mit Beiträgen von Ernst-Otto Czempiel [u. a.]. Freiburg i. Br. [u. a.] (1973).

Friedjung, Heinrich, Der Krimkrieg und die österreichische Politik. Stuttgart/Berlin 1907, ²1911.

Gelfand, Lawrence E., The Inquiry. American Preparations for Peace, 1917—1919. New Haven/London 1963.

Gentz, Friedrich von, Staatsschriften und Briefe. Auswahl in zwei Bänden. Hrsg. v. Hans von Eckhardt. Bd. 1. München 1921.

Gescher, Dieter B., Die Vereinigten Staaten von Nordamerika und die Reparationen 1920—1924. Eine Untersuchung der Reparationsfrage auf der Grundlage der amerikanischen Akten. Bonn 1956 = Bonner Histor. Forschungen 7.

Gleason, John H., The Genesis of Russophobia in Great Britain. A Study of the Interaction of Policy and Opinion. Cambridge, Mass. 1950 = Harvard Historical Studies 57 [Ndr. New York 1972].

Gollwitzer, Heinz, Europabild und Europagedanke. Beiträge zur deutschen Geistesgeschichte des 18. und 19. Jahrhunderts. München (1951), ²1964.

Gollwitzer, Heinz, Geschichte des weltpolitischen Denkens. Bd. 1. Vom Zeitalter der Entdeckungen bis zum Beginn des Imperialismus. Göttingen 1972.

Goriainov, Sergej M., Le Bosphore et les Dardanelles. Etude historique sur la question des détroits, d'après la correspondance diplomatique déposée aux archives centrales de Saint-Pétersbourg et à celles de l'empire. Paris 1910.

Goriainov, Sergej M., La question d'Orient à la veille du traité de Berlin (1870—1876) d'après les archives russes. Paris 1948 = Collection historique de l'Institut d'Etudes slaves 12.

Gottwald, Robert, Die deutsch-amerikanischen Beziehungen in der Ära Stresemann. Berlin-Dahlem (1965) = Studien z. europ. Gesch. aus dem Friedrich-Meinecke-Inst. d. Freien Univ. Berlin 6.

Grewe, Wilhelm G., Peaceful Change. In: Wörterbuch des Völkerrechts. Begr. v. Karl Strupp ... hrsg. v. Hans-Jürgen Schlochauer. Bd. 2. Berlin 1961, S. 752—757.

Große Politik, s. Politik, Große.

Gunzenhäuser, Max, Der Genfer Völkerbund 1920—1946. In: Jahresbibliographie. Bibliographie f. Zeitgeschichte 41 (1969) S. 425—536.
Gunzenhäuser, Max, Die Pariser Friedenskonferenz 1919 und die Friedensverträge 1919—1920. Literaturbericht und Bibliographie. Frankfurt/M. 1970 = Schriften d. Bibliothek f. Zeitgesch. 9.

Hajnal, Henri, Le droit du Danube international. Den Haag 1929.
Hammer, Michael, La Russie après le Congrès de Berlin (1878). In: Revue d'histoire diplomatique 86 (1972) S. 206—225.
Hammer-Purgstall, Joseph Freiherr von, Geschichte des Osmanischen Reiches, grossentheils aus bisher unbenützten Handschriften und Archiven. Bd. 1—10. Pest 1827—35 [2. Aufl. Bd. 1—4. Pest 1834—36].
Hanak, Harry, Great-Britain and Austria-Hungary during the First World War. A Study in the Formation of Public Opinion. London [u. a.] 1962.
Hancock, William K., Smuts. Vol. I—II. Cambridge 1962—68.
Hankey, Sir Maurice, The Supreme Control at the Peace Conference 1919. A Commentary. London (1963).
Hantsch, Hugo, Die Geschichte Österreichs. Bd. 2. Graz [u. a.] (⁴1968).
Harrod, Roy F., The Life of John Maynard Keynes. New York (1951) [als Pback London 1972].
Haury, Paul, Exposé simple et clair de la Question d'Orient (1770—1913). Paris (1913) [2. Aufl. ... avec ... un appendice (1913—1915). Paris (1915)].
Headlam-Morley, Sir James, A Memoir of the Paris Peace Conference 1919. Ed. by Agnes Headlam-Morley [u. a.] London (1972).
Heimpel, Hermann, Geschichte und Geschichtswissenschaft. In: Vierteljahrshefte f. Zeitgesch. 5 (1957) S. 1—17.
Hertz, Friedrich O. [Frederick], The Economic Problem of the Danubian States. A Study in Economic Nationalism. London 1947 [Ndr. New York 1970].
Hinsley, Francis H., Power and the Pursuit of Peace. Theory and Practice in the History of Relations between States. Cambridge 1963 [als Pback 1967].
[Hohenlohe-Schillingsfürst, Chlodwig zu], Denkwürdigkeiten des Fürsten Chlodwig zu Hohenlohe-Schillingsfürst. Bd. 2. ... hrsg. v. Friedrich Curtius. Stuttgart/Leipzig 1907.
Hohlfeld, Andreas, Versailles und die russische Frage 1918/1919. Hamburg (1940) = Schriften d. Reichsinstituts f. Gesch. d. neuen Deutsch-

lands. — 2. Aufl. u. d. T.: Die besiegten Sieger. Marschall Foch und Winston Churchill im Kampf gegen den Bolschewismus 1918/1919. Hamburg (1943) = Schriften...

Holborn, Hajo, The Final Disintegration of the Habsburg Monarchy. In: Austrian History Yearbook 3,3 (1967) S. 189—205.

Holbraad, Carsten, The Concert of Europe: A Study in German and British International Theory 1815—1914. (London 1970).

Hölzle, Erwin, Die amerikanische und die bolschewistische Weltrevolution. In: Weltwende 1917 ... hrsg. v. Hellmuth Rößler. Göttingen [u. a.] (1965), S. 169—184.

Hölzle, Erwin, Das Experiment des Friedens im Ersten Weltkrieg 1914 bis 1917. In: Geschichte in Wissenschaft u. Unterricht 13 (1962) S. 465—522.

Hölzle, Erwin, Der Osten im Ersten Weltkrieg. Leipzig 1944 = Das Reich und Europa.

Hölzle, Erwin, Die Revolution der zweigeteilten Welt. Eine Geschichte der Mächte 1905—1929. (Reinbek 1963) = rowohlts dt. enzyklopädie 169.

Hölzle, Erwin, Versailles und der russische Osten. In: Ostdeutsche Wissenschaft 5 (1958) S. 486—503.

Hölzle, Erwin, Wilsons Friedensplan und seine Durchführung. In: Ideologie und Machtpolitik 1919 ... hrsg. v. Hellmuth Rößler. Göttingen [u. a.] (1966), S. 9—21.

Hösch, Edgar, Neuere Literatur (1940—1960) über den Krimkrieg. In: Jahrbücher f. Gesch. Osteuropas N. F. 9 (1961) S. 399—434.

Howard, Esme W. H. — of Penrith, Theatre of Life. Vol. II. Life Seen from the Stalls 1905—1936. London (1936).

Howard, Harry N., An American Inquiry in the Middle East. The King-Crane Commission. Beirut 1963.

Ideologie und Machtpolitik 1919. Plan und Werk der Pariser Friedenskonferenzen 1919 ... hrsg. v. Hellmuth Rößler. Göttingen [u. a.] (1966).

Kaiserreich zur Weimarer Republik. Vom —. Hrsg. v. Eberhard Kolb. Köln (1972) = Neue Wiss. Bibliothek 49.

Kann, Robert A., The Multinational Empire. Nationalism and National Reform in the Habsburg Empire, 1848—1918. Vol. I—II. New York 1950. — 2. erw. Aufl. in dt. Übers.: Das Nationalitätenproblem der Habsburgermonarchie. Geschichte und Ideengehalt der nationalen Bestrebungen vom Vormärz bis zur Auflösung des Reiches im Jahre 1918. Bd. 1—2. Graz/Köln 1964 = Veröffentlichungen d. Arbeitsgemeinschaft Ost 4—5.

Kedourie, Elie, The End of the Ottoman Empire. In: The Journal of Contemporary History 3 (1968) No. 4, S. 19—28.

Kedourie, Elie, England and the Middle East. The Destruction of the Ottoman Empire 1914—1921. (London 1956).

Kennan, George F., Soviet-American Relations, 1917—1920. Vol. I. Russia Leaves the War. Princeton, N. J. 1956 [als Pback New York 1967]. — Vol. II. The Decision to Intervene. Princeton, N. J. 1958 [als Pback New York 1967]. — Dt. Übers.: Amerika und die Sowjetmacht. Bd. 1. Der Sieg der Revolution. Stuttgart [1960]. — Bd. 2. Die Entscheidung zur Intervention. Stuttgart [1960].

Keynes, John M., The Economic Consequences of the Peace. London 1919 [Ndr. (London 1971) = J. M. K., The Collected Writings Vol. II]. — Dt. Übers.: Die wirtschaftlichen Folgen des Friedensvertrages. München/Leipzig 1920.

Kimche, Jon, The Unromantics. The Great Powers and the Balfour Declaration. London (1968).

Kinross, John P. D. B.: Atatürk. The Rebirth of a Nation. London (1964).

Kitsikis, Dimitri, Le rôle des experts à la conférence de la paix de 1919. Gestation d'une technocratie en politique internationale. Ottawa 1972 = Cahiers d'histoire de l'Univ. d'Ottawa 4.

Kluke, Paul, Selbstbestimmung. Vom Weg einer Idee durch die Geschichte. Göttingen (1963) = Die dt. Frage in d. Welt 2.

Kohn, Hans, The Habsburg Empire, 1804—1918. Princeton, N. J. (1961).

Kohn, Hans, Was the Collapse Inevitable? In: Austrian History Yearbook 3, 3 (1967) S. 250—263.

Kotowski, Georg, Die Weimarer Republik zwischen Erfüllungspolitik und Widerstand. In: Die Folgen von Versailles 1919—1924 ... hrsg. v. Hellmuth Rößler. Göttingen [u. a.] (1969), S. 143—168 (auch S. 169—180).

Krüger, Peter, Deutschland und die Reparationen 1918/19. Die Genesis des Reparationsproblems zwischen Waffenstillstand und Versailler Friedensschluß. Stuttgart 1973 = Schriftenreihe der Vierteljahrshefte für Zeitgeschichte 25.

Lademacher, Horst, Die belgische Neutralität als Problem der europäischen Politik 1830—1914. Bonn 1971.

Langer, William L., European Alliances and Alignments 1871—1890. New York 1931, ²1950 [auch als Pback].

Lemberg, Eugen, Nationalismus. Bd. 1—2. (Reinbek 1964) = rowohlts dt. enzyklopädie 197—199.

Lemberg, Eugen, Die Nationalitätenfrage im Donauraum auf Grund der Pariser Vorortverträge. In: Ideologie und Machtpolitik 1919 ... hrsg. v. Hellmuth Rößler. Göttingen [u. a.] (1966), S. 126—154.

Levin, N. Gordon, Woodrow Wilson and World Politics. America's Response to War and Revolution. London [u. a.] (1968) [als Pback (1970)].

Lewis, Bernard, The Emergence of Modern Turkey. London [u. a.] 1961, ²1968.

Link, Arthur S., Wilson. Vol. I—(V). Princeton, N. J. 1947—(65).

Link, Werner, Die amerikanische Stabilisierungspolitik in Deutschland 1921—32. Düsseldorf (1970).

Lloyd George, David, The Truth about the Peace Treaties. Vol. I—II. London 1938.

Lorenz, Konrad, Das sogenannte Böse. Zur Naturgeschichte der Aggression. Wien 1963.

Löwenthal, Richard, Internationale Konstellation und innerstaatlicher Systemwandel. In: Historische Zeitschrift 212 (1971) S. 41—58.

McCallum, Ronald B., Public Opinion and the Last Peace. London [u. a.] 1944. — Dt. Übers.: Der Weltfrieden und die öffentliche Meinung nach 1919. (Berlin) 1948.

Maiwald, Serge, Der Berliner Kongreß 1878 und das Völkerrecht. Die Lösung des Balkanproblems im 19. Jahrhundert. Stuttgart 1948.

Mamatey, Victor S., Legalizing the Collapse of Austria-Hungary at the Paris Peace Conference. In: Austrian History Yearbook 3, 3 (1967) S. 206—237.

Mamatey, Victor S., The United States and the Dissolution of Austria-Hungary. In: Journal of Central European Affairs 10 (1950) S. 256—270.

Mantoux, Etienne, The Carthaginian Peace or The Economic Consequences of Mr. Keynes. London [u. a.] 1946 [Ndr. als Pback Pittsburgh, Pa. 1965]. — Frz. Ausg.: La paix calomniée ou les conséquences économiques de M. Keynes. Paris (1946).

[Mantoux, Paul,] Les délibérations du Conseil des Quatres (24 mars — 28 juin 1919). Note de l'Officier Interprête Paul Mantoux. Vol. I—II. Paris 1955.

Marston, Frank S., The Peace Conference of 1919. Organization and Procedure. London [u. a.] 1944.

Martin, Kingsley, The Triumph of Lord Palmerston. A Study of Public Opinion in England before the Crimean War. London (1924), ²1963.

Martitz, Ferdinand von, Das Internationale System zur Unterdrückung des Afrikanischen Sklavenhandels in seinem heutigen Bestande. In: Archiv für öffentl. Recht 1 (1886) S. 1—107.

Matis, Herbert, Österreichs Wirtschaft 1848—1913. Konjunkturelle Dynamik und gesellschaftlicher Wandel im Zeitalter Franz Josephs I. Berlin (1972).

Maxelon, Michael-Olaf, Stresemann und Frankreich. Deutsche Politik der Ost-West-Balance. Düsseldorf (1972) = Geschichtl. Studien z. Politik u. Gesellschaft 5.

May, Arthur J., The Passing of the Hapsburg Monarchy 1914—1918. Vol. I—II. Philadelphia (1966).

Mayer, Arno J., Politics and Diplomacy of Peacemaking. Containment and Counterrevolution at Versailles, 1918—1919. London (1967) [als Pback New York 1969].

Medlicott, William N., Bismarck, Gladstone, and the Concert of Europe. (London) 1956.

Medlicott, William N., The Congress of Berlin and After. A Diplomatic History of the Near Eastern Settlement 1878—1880. London (1938), ²1963.

Miquel, Pierre, La paix de Versailles et l'opinion publique française. Paris (1972) = Nouvelle bibliothèque scientifique.

Mitrany, David, The Effect of the War in Southeastern Europe. New Haven/London 1936 = Economic and Social History of the World War. General Series [Ndr. New York 1971].

Mommsen, Wolfgang J., Domestic Factors in German Foreign Policy before 1914. In: Central European History 6 (1973) S. 3—43.

Monroe, Elizabeth, Britain's Moment in the Middle East 1914—1956. Baltimore (1963).

Mosse, Werner E., The Rise and Fall of the Crimean System 1855—71. The Story of a Peace Settlement. London/New York 1963.

Müller, Manfred, Die Bedeutung des Berliner Kongresses für die deutsch-russischen Beziehungen. Diss. phil. Borna-Leipzig 1927.

Muralt, Leonhard von, Der Friede von Versailles und die Gegenwart. Zürich (1947) = Schriften zur Zeit 17.

Neher-Bernheim, Renée, La Déclaration Balfour 1917: Création d'un foyer national juif en Palestine. (Paris 1969) = Collection «Archives» No. 36.

Nelson, Harold I., Land and Power. British and Allied Policy on Germany's Frontiers 1916—19. London/Toronto 1963 = Studies in Political History.

Nevakivi, Jukka, Britain, France and the Arab Middle East, 1914—1920. London 1969 = University of London Historical Studies.

Nichols, Jr., Irby C., The European Pentarchy and the Congress of Verona, 1822. Den Haag 1971.

Nicolson, Harold, Peacemaking 1919. London (1933, ²1943) [Ndr. London (1964)].

Nitti, Francesco S., Das friedlose Europa. Frankfurt/M. (1922, ²1922). — Ital. Original: L'Europa senza pace. Florenz (1921).

Novotny, Alexander, Quellen und Studien zur Geschichte des Berliner Kongresses 1878. Bd. 1. Österreich, die Türkei und das Balkanproblem im Jahre des Berliner Kongresses. Graz/Köln 1957 = Veröffentlichungen d. Kommission f. Neuere Gesch. Österreichs 44.

Organski, A. F. K., World Politics. New York 1958, ²1968 = Borzoi Books in Political Science.

Papers Relating to the Foreign Relations of the United States. The Paris Peace Conference 1919. Vol. I—XIII. Washington 1942—47.

Papouktchieva, Maria, La politique de la Russie à l'égard des détroits. Diss. Genf 1944.

Piggott, Francis T., The Declaration of Paris, 1856. A Study, Documented. London 1919.

Poglubko, Konstantin A., Očerki istorii bolgaro-rossijskich svjazej (60—70-e gody XIX veka) [Studien zur Geschichte der bulgarisch-russischen Beziehungen in den sechziger und siebziger Jahren des 19. Jahrhunderts]. Kišinev 1972.

Politik der europäischen Kabinette: Die Große — 1871—1914. Sammlung der Diplomatischen Akten des Auswärtigen Amtes ... hrsg. v. Johannes Lepsius, Albrecht Mendelssohn Bartholdy, Friedrich Thimme. Bd. 2. Der Berliner Kongreß, seine Voraussetzungen und Nachwirkungen 1871—1878. Berlin 1922, ³1926.

Pottinger, E. Ann, Napoleon III and the German Crisis 1865—1866. Cambridge, Mass. 1966 = Harvard Historical Studies 75.

Prest, John, Lord John Russell. (London/Basingstoke 1972).

Puryear, Vernon J., International Economics and Diplomacy in the Near East. A Study of British Commercial Policy in the Levant 1834—1853. Stanford, Calif. 1935 [Ndr. Hamden, Conn. 1969].

Puryear, Vernon J., England, Russia, and the Straits Question 1844—1856. Berkeley, Calif. 1931 = University of California Publications in History 20 [Ndr. Hamden, Conn. 1965].

Rassow, Peter, Der Konflikt König Friedrich Wilhelms IV. mit dem Prinzen von Preußen im Jahre 1854. Eine preußische Staatskrise. Wiesbaden (1961) = Akademie d. Wissenschaften u. d. Literatur. Abhandlungen d. Geistes- u. Sozialwiss. Klasse (1960) Nr. 9.

Remak, Joachim, 1914 — The Third Balkan War: Origins Reconsidered. In: The Journal of Modern History 43 (1971) S. 353—366.

Renouvin, Pierre, Le traité de Versailles. (Paris 1969) = Questions d'histoire 9.

Rheindorf, Kurt, Die Schwarze-Meer-(Pontus-)Frage vom Pariser Frieden 1856 bis zum Abschluß der Londoner Konferenz von 1871. Ein Beitrag zu den orientalischen Fragen und zur Politik der Großmächte im Zeitalter Bismarcks. Berlin 1925.

Rieber, Alfred J., Alexander II: A Revisionist View. In: The Journal of Modern History 43 (1971) S. 42—58.

Ritter, Gerhard, Der Versailler Vertrag von 1919. In: Gratias agimus. Festschrift alter Schüler zum 100jährigen Jubiläum des Ev. Stift. Gymnasiums zu Gütersloh. Hrsg. v. Paul Schneider. (Gütersloh 1951), S. 102—109.

Rosecrance, Richard, Action and Reaction in World Politics. International Systems in Perspective. Boston/Toronto (1963).

Roskill, Stephen W., Hankey: Man of Secrets. Vol. I—II. London 1970—72.

Roesler, Konrad, Die Finanzpolitik des Deutschen Reiches im Ersten Weltkrieg. Berlin (1967) = Untersuchungen über das Spar-, Giro- u. Kreditwesen 37.

Rothwell, Victor H., British War Aims and Peace Diplomacy 1914—1918. Oxford 1971.

Sachar, Howard M., The Emergence of the Middle East: 1914—1924. New York 1969.

Satow, Ernest M., International Congresses and Conferences. London 1920 = Handbooks prepared under the direction of the Historical Section of the Foreign Office No. 151.

Schieder, Theodor, Europa im Zeitalter der Nationalstaaten und europäische Weltpolitik bis zum I. Weltkrieg. In: Handbuch der europäischen Geschichte. Hrsg. v. Theodor Schieder. Bd. 6. Stuttgart 1968, S. 1—196.

Schieder, Theodor, Europäische Friedensschlüsse von Wien bis Versailles. In: Entspannung, Sicherheit, Frieden. Hrsg. v. Alfred Domes. (Köln 1968), S. 33—52.

Schieder, Wolfgang, Weltkrieg. In: Sowjetsystem und demokratische Gesellschaft. Hrsg. v. Claus D. Kernig. Bd. 6. Freiburg i. Br. [u. a.] 1972, Sp. 841—873.

Schroeder, Paul W., Austria, Great Britain, and the Crimean War. The Destruction of the European Concert. Ithaca/London (1972).

Schulz, Gerhard, Revolutionen und Friedensschlüsse 1917—1920. (München 1967, ²1969) = dtv-Weltgeschichte d. 20. Jh.s 2.

Schwabe, Klaus, Deutsche Revolution und Wilson-Frieden. Die amerikanische und deutsche Friedensstrategie zwischen Ideologie und Machtpolitik 1918/19. Düsseldorf (1971).

Schwabe, Klaus, Woodrow Wilson. Ein Staatsmann zwischen Puritanertum und Liberalismus. Göttingen [u. a.] (1971) = Persönlichkeit und Geschichte 62.

[Schweinitz, Lothar von], Denkwürdigkeiten des Botschafters General von Schweinitz. Bd. 1—2. [Hrsg. v. Wilhelm von Schweinitz.] Berlin (1927).

Seton-Watson, Robert W., Disraeli, Gladstone and the Eastern Question. A Study in Diplomacy and Party Politics. London 1935 = Studies in Modern History [Ndr. als Pback New York 1972].

Seton-Watson, Robert W. [Hrsg.], Russo-British Relations during the Eastern Crisis. In: The Slavonic Review 3 (1924/25) S. 422—434, 657—683; 4 (1925/26) S. 177—197, 433—462, 733—759; 5 (1926/27) S. 413—434; 6 (1927/28) S. 422—433.

Seymour, Charles, The Intimate Papers of Colonel House. Arranged as a Narrative. Vol. I—IV. London (1926—28). — Dt. Ausg. im Auszug: Ch. S., Die vertraulichen Dokumente des Obersten House ... Stuttgart [u. a.] 1932.

Shannon, Richard T., Gladstone and the Bulgarian Agitation 1876. London [u. a.] (1963) = Nelson's Studies in Modern History.

Silberstein, Gerard E., The Troubled Alliance: German-Austrian Relations 1914 to 1917. Lexington, Ky. (1970).

Skaba, Andrej D., Parižskaja mirnaja konferencija i inostrannaja intervencija v strane Sovetov (janvar' — ijun' 1919 goda) [Die Pariser

Friedenskonferenz und die Intervention des Auslands im Lande der Sowjets. Januar—Juni 1919]. Kiew 1971.

Smith, Elaine D., Turkey. Origins of the Kemalist Movement and the Government of the Grand National Assembly, 1919—1923. Washington 1959.

[Smuts, Jan Christiaan], Selections from the Smuts Papers. Vol. I—IV. Ed. by William K. Hancock a. Jean von der Poel. Cambridge 1966.

Snell, John L., Wilson on Germany and the Fourteen Points. In: The Journal of Modern History 26 (1954) S. 364—69.

Southgate, Donald, 'The Most English Minister ...' The Policies and Politics of Palmerston. London [u. a.] 1966.

Soviet Documents, s. Documents.

Srbik, Heinrich Ritter von, Deutsche Einheit. Idee und Wirklichkeit vom Heiligen Reich bis Königgrätz. Bd. 2. München (1935).

Stadtmüller, Georg, Osmanische Reichsgeschichte und balkanische Volksgeschichte. In: ders., Grundfragen der europäischen Geschichte. München/Wien 1965, S. 119—159.

Stadtmüller, Georg, Die russische Weltmacht und ihr Rückzug (1783 bis 1867). In: ders., Grundfragen der europäischen Geschichte. München/Wien 1965, S. 198—260.

Stavrianos, Leften S., The Balkans since 1453. New York [u. a.] (1958).

Stein, Leonard J., The Balfour Declaration. London (1961).

Štejn, Boris E., „Russkij vopros" na Parižskoj mirnoj konferencii (1919—1920 gg.). [Moskau] 1949. — Dt. Übers.: Die „Russische Frage" auf der Pariser Friedenskonferenz 1919—1920. Leipzig 1953.

Südosteuropa-Bibliographie. Hrsg. v. Südost-Institut München. Red. Gertrud Krallert-Sattler. Bd. 1—4, 1. München 1956—1971.

Sumner, Benedict H., Russia and the Balkans 1870—1880. Oxford 1937 [Ndr. Hamden/London 1962].

Tarle, Evgenij V.: Krymskaja vojna [Der Krimkrieg]. Bd. 1—2. Moskau/Leningrad 1941—43. — 4. Aufl. bearb. v. N. M. Družinin. Moskau 1959 = Sočinenija v dvenadcati tomach Bd. 8—9.

Taylor, Alan J. P., Rumours of Wars. London (1952).

Taylor, Alan J. P., The Struggle for Mastery in Europe 1848—1918. London [u. a.] (1954) [als Pback (1971)].

Temperley, Harold, England and the Near East. The Crimea. London/Toronto 1936 [Ndr. Hamden, Conn. 1964].

Ter Meulen, Jacob, Der Gedanke der Internationalen Organisation in seiner Entwicklung. Bd. 1—2 ⟨1300—1889⟩. Den Haag 1917—29 [Ndr. Den Haag 1968].

Thompson, John M., Russia, Bolshevism, and the Versailles Peace. Princeton, N. J. 1966.

Twiss, Travers, The Law of Nations Considered as Independent Political Communities. Vol. I—II. Oxford 1861—63 [2. neue Aufl. in einem Band Oxford 1884].

Ullman, Richard, Anglo-Soviet Relations, 1917—1921. Vol. I. Intervention and the War. Princeton, N. J. 1961. — Vol. II. Britain and the Russian Civil War. November 1918 — February 1920. Princeton, N. J. 1968. — Vol. III. The Anglo-Soviet Accord. Princeton, N. J. 1972.

Ulunjan, Akop A., Bolgarskij narod i russko-tureckaja vojna 1877—1878gg. [Das bulgarische Volk und der russisch-türkische Krieg von 1877—1878.] Moskau 1971.

Unckel, Bernhard, Österreich und der Krimkrieg. Studien zur Politik der Donaumonarchie in den Jahren 1852—1856. Lübeck/Hamburg 1969 = Historische Studien 410.

Versailles Settlement. The —. Was it Foredoomed to Failure? Ed. ... by Ivo J. Lederer. Boston [u. a.] (1960) = Problems in European Civilization.

Versailles — St. Germain — Trianon. Umbruch in Europa vor fünfzig Jahren. Unter Mitarbeit v. Winfried Baumgart, Fritz Fellner, Koloman Gajan [u. a.] hrsg. v. Karl Bosl. München/Wien 1971.

Viefhaus, Erwin, Die Minderheitenfrage und die Entstehung der Minderheitenschutzverträge auf der Pariser Friedenskonferenz 1919. Eine Studie zur Geschichte des Nationalitätenproblems im 19. und 20. Jahrhundert. Würzburg 1960 = Marburger Ostforschungen 11.

Wagner, Heinz, Der Arabisch-Israelische Konflikt im Völkerrecht. Berlin (1971) = Schriften z. Völkerrecht 15.

Walsdorff, Martin, Westorientierung und Ostpolitik. Stresemanns Rußlandpolitik in der Locarno-Ära. Bremen (1971).

Wandel, Eckhard, Die Bedeutung der Vereinigten Staaten von Amerika für das deutsche Reparationsproblem 1924—1929. Tübingen 1971 = Tübinger wirtschaftswiss. Abhandlungen 11.

Waterfield, Gordon, Layard of Nineveh. (London 1963).

Webster, Charles K., The Congress of Vienna, 1814—1815. London [u. a.] (1919) = Handbooks prepared under the direction of the Historical Section of the Foreign Office No. 153 [Neuaufl. London 1934; Ndr. London 1950].

Webster, Charles K., The Council of Europe in the Nineteenth Century. In: ders., The Art and Practice of Diplomacy. London 1961, S. 55—69.

Wegener, Wilhelm, Die internationale Donau. Völkerrechtliche Bemerkungen zum Belgrader Donau-Schiffahrtsabkommen von 1948. Göttingen 1951 = Gött. rechtswiss. Studien 2.

Weidenfeld, Werner, Die Englandpolitik Gustav Stresemanns. Theorie und praktische Aspekte der Außenpolitik. Mainz (1972).

Weill-Raynal, Etienne: Les réparations allemandes et la France. Vol. I—III. Paris (1947).

Weinberg, Albert K., The Historical Meaning of the American Doctrine of Isolation. In: The American Political Science Review 34 (1940) S. 539—547.

Wertheimer, Eduard von, Graf Julius Andrássy. Sein Leben und seine Zeit. Nach ungedruckten Quellen. Bd. 1—3. Stuttgart 1913.

Wessely, Kurt, Zisleithaniens Wirtschaft und die Nachfolgestaaten. In: Die Auflösung des Habsburgerreiches . . . Hrsg. v. Richard G. Plaschka u. Karlheinz Mack. München 1970, S. 436—455.

Wierer, Rudolf, Der Föderalismus im Donauraum. Graz/Köln 1960 = Schriftenreihe des Forschungsinstituts für den Donauraum 1.

Williams, William A., The Tragedy of American Diplomacy. Cleveland (1959). — 2. Aufl. (New York 1962) [Ndr. New York 1972; dt. Übers.: Die Tragödie der amerikanischen Diplomatie. (Frankfurt/M. 1973)].

Woodward, Ernest L., The Congress of Berlin 1878. London 1920 = Handbooks prepared under the direction of the Historical Section of the Foreign Office No. 154.

Wüest, Erich, Der Vertrag von Versailles in Licht und Schatten der Kritik. Die Kontroverse um seine wirtschaftlichen Auswirkungen. Diss. phil. Zürich 1962.

Zachariä, Karl Salomo, Vierzig Bücher vom Staate. Bd. 5. Heidelberg ²1841.

Zechlin, Egmont, Die deutsche Politik und die Juden im Ersten Weltkrieg. Unter Mitarbeit v. Hans J. Bieber. Göttingen (1969).

Zeman, Zbyněk A. B., The Break-Up of the Habsburg Empire 1914—

1918. A Study in National and Social Revolution. London [u. a.] 1961. — Dt. Übers.: Der Zusammenbruch des Habsburgerreiches 1914—1918. München (1963).

Zinkeisen, Johann W., Geschichte des osmanischen Reiches in Europa. Bd. 1—7 ⟨—1812⟩. Hamburg 1840—63 = Geschichte der europäischen Staaten.

REGISTER

Die Anmerkungen sind nur in Ausnahmefällen erfaßt.